四维流程管理

解析流程对于企业的意义和作用

王 硕◎著

当代中国出版社
Contemporary China Publishing House
2020年·北京

图书在版编目(CIP)数据

四维流程管理：解析流程对于企业的意义和作用 / 王硕著 . -- 北京：当代中国出版社，2020.7
ISBN 978-7-5154-1035-7

Ⅰ . ①四… Ⅱ . ①王… Ⅲ . ①企业管理 Ⅳ . ① F272

中国版本图书馆 CIP 数据核字（2020）第 112376 号

出 版 人　曹宏举
策划编辑　陈　莎
责任编辑　陈　莎　周显亮
封面设计　邢海燕
出版发行　当代中国出版社
地　　址　北京市地安门西大街旌勇里 8 号
网　　址　http://www.ddzg.net　邮箱：ddzgcbs@sina.com
邮政编码　100009
编 辑 部　（010）66572264　66572154　66572132　66572180
市 场 部　（010）66572281　66572161　66572157　83221785
印　　刷　河北盛世彩捷印刷有限公司
开　　本　710 毫米 × 1000 毫米　1/16
印　　张　10.75 印张　166 千字
版　　次　2020 年 7 月第 1 版
印　　次　2020 年 7 月第 1 次印刷
定　　价　45.00 元

前　言

让我们一起来关注“看不见的线”

在工作中，我把流程比喻为一条“看不见的线”，它存在于各个角落，穿插起企业的各个活动，但我们对于它的认知却极其有限。可能很多人会说，流程谁不知道，大家都懂的。但我想说，流程还真未必谁都懂。自我开始关注这件事以来，发现无论是国有大企业，还是民营的中小企业，真正关注它的人少之又少，就算是真正关注了，对于操作和应用的方法也存在不少误解。这种理解偏差所带来的问题多种多样，会反映在企业经营与个人工作的各个层面，并且当问题发生后，人们还往往不清楚问题的症结所在。

自改革开放以来，中国的企业和经济进入了快速发展时期，众多企业实现了迅速成长，也让“野蛮生长”成为这个时代中成功企业的代名词，似乎遍地黄金，唾手可得。但如今，铅华洗尽，精致为先。现代的企业发展环境已经发生了翻天覆地的改变，不仅遍地的黄金不再，还要步步小心，因为随处都是悬崖；天上的猎鸟也在呼啸盘旋，时刻准备着跨界打击，颠覆传统。所有的这些，让行业优势荡然无存，规模优势也逐渐减小，新时代的中国企业仿佛一名中学生，发现成人的世界果然不是那么简单，一边对美好的童年充满着幸福的回忆，一边不得不西装革领，翻开课本重新苦读。世界终究是大同的，国内企业的发展速度虽然快，但上层建筑终究是要有地基的存在。

这时候，大部分的企业感受到了“瓶颈”的阻力，也正是在这个时候，大量的西方管理经验涌了进来，让人眼花缭乱。无论是彼得·格鲁克还是詹姆斯·柯林斯，一个个理论的冲击，让略显幼稚的国内企管领域如梦初醒。好东西多了，学习也就变得杂乱无章起来。企业文化、战略地图、平衡积分卡等理论似乎都是解决问题的良药，但又不能让企业完全药到病除。这之后，又关注起了人的问题，其实偏差得更远了，反而最重要的没有解决。我们观察世界上的优秀企业，从它们的发展路径来看，所谓的企业管理工具和思想都是做出成绩后的总结，在这之前，它们也在拼命地“活着”，当活好了之后，才会有闲情逸致去搞总结创作。而它们活得好的一个重要原因，就是它们有健康而清晰的经营流程。经营流程的长期健康和清晰可见才是企业赖以生存和可持续发展的保障。

我有在咨询公司工作的经历，给很多企业做过管理咨询项目，发现几乎所有寻求帮助的企业都有一些“常见病”，例如：效率、执行力、产品质量、发货周期、库存、销售额等方面存在的问题几乎困扰着所有公司。而且，更奇怪的一点是，只要有一个问题存在，那么这些“并发症”或多或少地都存在。这就好比一个高烧不退的病人，看似只是发烧，但烧得久了，发现身体的各个器官也发生了病变反应，想去医治的时候发现无从下手，因为哪儿都有病，牵一发而动全身，从哪儿下药都会觉得不妥。大部分的咨询案例均是这种情况，本来很单一的一个咨询项目，想解决库存或销售额提升的问题，但越做越大，发现企业管理中的漏洞越来越多。就算是咨询师搜肠刮肚，将国内外企业管理所有的先进方法论拿出来一一尝试，多数情况下仍是治标不治本。

中医有句古话，叫作“不通则痛”，其实用在企业管理和个人工作中同样适用，出现了问题，一定是哪些地方“不通”了。但多数企业并未注意到这一点，仍然不停地寻找各种各样的方法去尝试解决问题。到最后大多是以失败告终。最终总结出的就是，员工的执行力不行，或是工作态度有问题，这更是犯了南辕北辙的错误。

对于这种状态，我潜心研究多年，终于发现了症结所在，即对于流程的漠视或认识不足。对于流程的理解，我认为多数企业并没有接触到它的实质，并且因为教育和工作中的实际应用习惯与惯性思维等，让很多人对于流程的理解有了很大的偏差。其实对于企业管理而言，很多中国企业还是处于学生阶段，欧美的大企业和职业经理人无一不是经历了长时间积累、发展，他们所总结的一套方法论固然有效，但生硬的“拿来主义”确实是水土不服，这其中差的就是“水土”。流程的作用就在于调理整个组织的各项机能。所有先进的方法论在一个经营良好的组织中必然能够发挥出它应有的功效，但对于根基不稳的企业来说，则是用得越多，死得越快。只有企业将自身的组织机能调整稳定后才能去追求一个更大的发展，虽然有“过程中的问题在过程中解决”这么一个说法，但最根本的框架要先搭建完善。

本书所采用的视角与以往的企业管理书籍完全不同，只讲述如何打造一个良好的组织环境与个人工作思维，并且抓住一些看似正常的现象，深挖其中的奥妙，以最朴实的语言讲清楚它的来龙去脉，以实用的立场来描述很多看似反常识的论点。我所做的一切，只是想通过一个独特的视角将流程还原它本来该有的样子，希望能对大家有所帮助。

同时，也借此机会感谢这一路上所有帮助过我的领导、同事和朋友们，是在和你们的共事中我才有了这些领悟，所以这本书也同时作为我回馈各位的礼物。

2017年8月于旧金山湾区

目录

CONTENTS

第一章　流程是企业经营中的最大盲点 …… 001

一、企业经营中的那条“看不见的线” …… 001

二、企业经营为何不应以“人”为本 …… 005

三、流程并不是一个简单的事物 …… 014

四、课堂教育中的失误与正确的工作思维教育中的失误 …… 020

第二章　流程与四维工作法 …… 028

一、流程的正确形态 …… 028

二、四维工作法 …… 033

三、四维工作法的作用 …… 041

四、四维工作法的应用：四维流程图 …… 047

五、设定结果与思维顺序的展开 …… 063

六、关于四维工作法的一些拓展思考 …… 071

第三章　从流程的角度看企业经营……………………………………………077

一、企业经营工作的逻辑推理 ………………………………………… 077

二、梳理经营流程：制作经营流程图 ………………………………… 082

三、梳理岗位工作：重新编制“岗位说明书”与“岗位操作手册”… 087

四、经营管理准备工作的操作详解 …………………………………… 094

五、经营管理工作的执行 ……………………………………………… 103

六、关注经营流程才是务实的关键核心 ……………………………… 108

第四章　客户端的流程与需求探索……………………………………………114

一、微观的世界 ………………………………………………………… 114

二、消费体验过程与客户需求 ………………………………………… 119

三、消费体验过程对于企业经营的作用 ……………………………… 125

四、如何在消费体验过程中寻找需求 ………………………………… 130

五、客户需求的深度挖掘 ……………………………………………… 137

六、从客户端流程看工作的目的 ……………………………………… 145

第五章　关于流程…………………………………………………………………148

一、流程化的思考方式 ………………………………………………… 148

二、对于流程运用的一些建议 ………………………………………… 154

三、流程与真理 ………………………………………………………… 160

第一章　流程是企业经营中的最大盲点

一、企业经营中的那条“看不见的线”

一家企业的成功与否取决于它的经营管理（指在企业内，为使生产、采购、物流、营业、劳动力、财务等各种业务能按经营目的顺利地执行、有效地调整而进行的系列管理、运营之活动）状况的好坏，而决定经营状况的关键则是众说纷纭。有人说关键点是“人”，有人说关键点是制度，还有人说关键点是企业文化。对于这些说法我并不否认，但我认为关键点还不仅在于此，而是企业应该把“事”做对。众所周知，一家企业经营情况的好坏要看其最终输出的价值和获得的利润，人、制度和企业文化等都不能直接产生价值和利润，只有具体的工作才能换来回报，以上那些事物只是在各个层面上影响着企业内的价值产生过程，对“事”起到了积极的作用，它们只是一种手段，并不直接对价值和利润起到作用。

所以我认为，企业成功与否的真正关键在于“事”，其他的因素都是在为“事”服务。“事”所表达的含义很好理解，我举一个很简单的例子来说明。很多人在小时候给孩子买过拼装的汽车或飞机的模型玩具。这类玩具买回来时并不是一个完整的模型，而是以零件的形式分散摆放，需要动手将其拼装成为一个完整的模型，其目的就是锻炼孩子的动手能力。但拼装并不是漫无目的、随心所欲的，需要按照一定的规则和先后顺序进行，所以玩具中还会附带一份拼装说明书。这个说明书中所描述的内容，就是拼装玩具这个“事”该如何做。通过这个例子，我们就能看到“事”其实很简单，就是如何“顺利地完成一项任务”。用在案例中，就是如何顺利地拼装这个模型的过程。在工作中，“事”就代表着如何顺利地完成工作和达成目标的过程。可在实际的工作当中，企业内部对于“如何顺利地完成工作和达成目标的过程”并不算重视，所以这个“事”逐渐就变成了企业中“看不见的线”。

这条“看不见的线”代表着企业创造产品价值的全部过程，它在企业中的具体表现方式就是内部的工作流程。工作流程串联着每个岗位的人员和其所负责的工作，一环套一环地最终输出一个可以满足客户需求的商品，是企业真正的价值所在。我们经常听到一个词，叫作“手艺”，这其实就代表了特定一种工作流程。对于同样的原材料和设备，一个有手艺的人绝对比一个没有手艺的人做出的商品要好得多，其中的差别就在于他们工作流程的不同。大多企业对于工作流程的认知其实处于一种模糊状态。我曾经特意做过一个关于流程的小调查。在不同的企业，对于不同层级的人员去问同样一个问题：你是如何描述流程的？调查完后发现，绝大部分人对其更多的是习惯于用“先干这个，再干那个”来进行描述，这些人涵盖了企业中的各个层级与不同的学历水平。可他们描述的内容却相当的一致。这些描述在我看来不过是种粗略的概括，就像刚才解释的“手艺”一词，从大体上来看，有手艺和没有手艺的人同样都是“先干这个，再干那个”，但最终的结果却完全不一样。一个正常的工作流程中，所有步骤都应是细节的体现，而非是以“事件”形式的表达，但大部分人都没有注意到这一点，所以才会经常出现“先干这个，再干那个”的情况。对于流程的表达方式代表了我们对于流程的认识程度。很显然，在我们的日常工作中，对流程存在着轻视、漠视的情况，并且已经将这种情况常态化，所有人都没有觉得有什么问题。

其实，对于流程的重视就是对于结果的重视，所有的企业和管理者对于结果都是重视的，但因为对于流程的认知和重视程度不足，所以很多结果无法最终实现。企业在每年年初做计划的时候都会制定各类战略目标，然后下达给内部的各部门去做具体的执行工作，并在特定的时间作总结和调整。这些看似没什么大问题，可仔细地分析一下就会发现，战略目标的制定和实现之间似乎少了什么东西。每当作阶段总结的时候，总会发现各种目标未完成的情况，然后就是无休止的会议争吵，各个部门都在强调目标未完成的各种非自身原因，管理层也是相当生气，认为没有将目标进行彻底的贯彻。对于这种情况，我认为最大的问题出在管理层身上，而不是出在执行的员工身上，原因就是没有重视实现目标的过程。企业战略目标的设定一般来说都是严谨的，或者是通过专业的数据推算，或者是通过市场经验的判断，可对于实现战略目标的战术过程就没那么重视了。管理层一般考虑的是，目标设定是我的工作，但在战术过程中只要听取大体的方向性汇报即可，具体的工作流程应该由下属的各级管理者和部门员工去自行安排和实施，只有在执行过程中碰到问题拿捏不定的时候，才会需要开会做具体的讨论安排。这种情况很是多见，但在很多情况下这种看似高效的管理并没有带来满意的收益，就是因为没有对实现目标的战术过程进行掌控。所有人都知道，人在做任何一件事的时候，如果能够像“1+1=2”这般清晰地看到过程，那么对于结果的实现与否便可以做到心中有数，反之亦然。在多数的企业中，中高层的管理者一般对于具体的工作过程是疏于了解的，所以在实施的过程中插不了手，也不知道其中真正发生了些什么，只有当拿到结果的那一刻，才能评断过程是否做得足够出色，并反过头来进行具体的内容分析，但那时候结果已然形成，想做出改变也只有来年再战了。

另外一种更为极端的方式是根本不管流程，还美其名曰："我要的只是结果，过程如何我不管。"看似洒脱和硬朗的管理风格多见于影视作品中，但如果用在真实的工作实景中，那还真是不免有些尴尬。先不用说这么做到底有没有效果，就算是有效果，对于结果来说也并非掌握在自己手中。对于达成一个结果而言，实现的方式方法肯定多种多样，这些路径中有好的选择也会有不好的选择，但所有的管理者都希望企业的结果是由好的过程得来的，否则也不会有旁门左道一说。当我们完全不管过程的时候，就是过程失控的时候，这也许可以带来我们想要的结果，但它的副作用也会随之而来，如果听之任之，那后果可能就会让人难以接受。比如企业追求产品市场占有率，正确的方法应该是在市场宣传、客户开发、维护、产品的性能、质量等方面共同下功夫，这样才能得到更多的客户青睐，从而提高市场占有率。如果不管中间的实现过程，只是一味地强调占有率这个结果，那么市场营销部门可能会采用降价、减配、非正常交易等手段进行铺货，最后虽然同样能够完成市场占有率这个指标，但伴随而来的是利润下降、产品质量不稳定、业内口碑受损等一系列问题。很多人用邓小平的名言"不管黑猫白猫，抓到耗子就是好猫"来进行反驳，但是分析过后就不难发现，这句话是在当时特定的社会背景下说的。他的目的并非让人"不择手段"，而是要让人不要存在思想枷锁，要勇敢尝试，和"不管过程，只要结果"是两个意思，所以在企业经营中千万不要忽略过程的重要性。

二、企业经营为何不应以“人”为本

“事”与“人”之争也一直是企业中一个比较常见的话题，并且较多的管理者认为在企业经营中关注“人”比关注“事”要好。他们给出的理由多种多样，其核心点都是在讲：相对于“事”来说，“人”会让企业的经营活动更加灵活，也更加直接。这是因为所有人都习惯性地认为流程就应该是“许久不变”的事务，是“僵化”的，所以比起解决流程问题来说，还是用人解决更加便利。久而久之，企业内部对于工作流程也就不再关注，而对于人才的渴求也就越发强烈，认为只要有人才，一切问题都可以解决。

其实这是一个非常典型的错误理解，工作流程的存在目的是：规范和指导企业的经营活动，而人是作为执行经营活动的载体，这个先后顺序是不能更改的，也更改不掉。就像是道路和车辆的关系，道路就好比是企业内部的经营流程，而车辆是一个个员工，他们在道路上的行进就是在进行工作。如果没有道路的管理，没有红绿灯的设置，那么车辆在行进当中就是杂乱无章的，交通事故频发且拥堵异常。这个时候，无论是跑得慢的车还是一辆超级跑车，都无法正常行驶，这和车辆本身的情况并无关系。当一家企业只是初创阶段，内部经营活动较为单一且简单，那有无具体的流程并不是那么重要，直接跳过关注流程这一步，只关注能人即可，毕竟业绩第一。而对于有了一些规模的企业来说这就是问题了。大部分在说流程僵化弊端的企业的主要原因是没有正视流程的作用，忽略它的存在，所以造成了流程的不灵活现象，完全是自身的行为所致。因为企业自初创以来，就没有太多人去关注这点，所以导致习惯性地忽略了流程的重要性，或者说是完全遗忘了。当企业发展壮大后，自身的经营活动需要流程进行规划时，仍然按照初创阶段的理念进行管理，就会表现出一种“流程在制约发展”的假象。

流程的作用在于使企业的经营管理活动更加顺利，而不是制约它。这种“僵化”的假象多是由于误解造成的，也就是管理者脑中没有流程的概念，对此不了解而产生的忽视，所以没有在此方面做出具体的动作，被动地使其僵化。还是用道路和车辆的例子来进行说明。当一个小村落经过不断的发展壮大成了一个城镇，那么原有的乡间小道必然不可能满足车辆通行的需求，这个时候需要做的是重新对道路进行规划。但城镇的管理者并没有意识到这一点，而是把道路拥堵的责任推到小汽车身上，认为它的动力不足。而为了解决这个问题，把原有的车辆换成了大卡车，希望通过它自身的能力在各个街区硬闯出一条道路来。这样看似解决了道路的问题，但对整个街区却造成了不小的伤害。而且当城镇越来越发展壮大的时候，就极有可能出现大卡车也走不动转而再去寻找坦克车的局面。

综上所述，其实流程并非固化的，它之所以会产生这种僵化印象，完全是因为我们对它的认知不足。可很多企业的管理者并没有意识到这一点，所以才会出现舍弃“事”而关注“人”的现象。管理者认为，只有通过在岗位上安排了合适的人，才可以实现对结果的掌控。在我接触企业管理之初，也认为管理应该是以“人”为本，对其没有任何怀疑。我接触到的众多企业的管理者和企业管理咨询师中，秉承这种观点的人绝对不在少数。但我现在对此并不认同，因为选对人、用对人和办对事之间并不能画上等号。诸葛亮还有“挥泪斩马谡”的时候，为什么我们就一定认为选对人就肯定能得到结果？或者说我们一定选了一个对的人呢？这个标准就太过于虚幻了，而且不切实际。当一家企业不去关注“事”，而去关注“人”的时候，这本身就是管理的失职，在任何企业的管理中，这种通过解决“人”来处理问题的方式多数都是属于“避重就轻”的范畴，而且其中还夹杂了些许的职场政治因素，这种情况的发生就必然会对企业造成伤害，有很大的可能会让企业的经营走向错误的方向。

首先，当人们把管理问题与“人”画上等号时，下意识地就认为，在任何情况下，只要把人安排对了，就不会发生任何问题，执行工作可以顺利地展开，最终的结果也会顺利地得到。在具体的工作当中，因为被这种下意识的认知所左右，所以每当有问题发生时，便很自然地认为，是这个岗位上的人发生了问题，理由也很充分：如果安排了对的人，那么这件错事就不会发生。所以我们所看到的多数情况中，只要一出现问题，大家都更愿意去讨论这个人对和错的问题，揪住他做的那些“错事”，然后火力全开地展开批判，因为已经从心底认定这个人并不适合岗位了。我们都知道，人都会犯错误，不可能做任何事情都是正确的，当把谈论“事”变成了谈论“人”，那么给人所带来的压力就会陡然增大，做工作时的关注点就从“如何将这件事做对”，变成了“如何不做一件错事”，因为自己不想被别人看作“不合适的人”。对于这个关注点，最简单的解决办法自然就变成了“少做事、不做事”，也只有这样，才能实现“不会做错事”的目的。久而久之，一个企业内自下而上就形成了“多做多错，少做少错”的尴尬现象。无论高级管理者如何劝说，但一把写有“责任”的无形枷锁始终都会拴在所有人的脖颈之上，聪明人看到这种情况，也都不会想着再勇敢一些了。这种让无数人心寒的事情，每天都在不同的企业中以不同的形式发生着，让人感到心力交悴却又无可奈何。

其次，解决了“人”并不代表就解决了“事”的问题。关注“人”、解决“人”的方式确实是最为简单的解决工作问题的办法，只要领导者一句话，似乎就能将存在的问题彻底清除掉，但其实真正解决掉的不过是某个岗位上的人而已，工作的问题一直都还在那里。当某一个岗位的员工出现了问题之后，所有人的第一反应都是这个人“有问题”，如果可以解决掉“人”的问题，那么工作中的问题也会被解决。其实他们忽略了一个重要的事情，就是这个工作中的问题究竟是如何产生的？到底是哪里出了差错？我从不否认某些人的能力确实有问题，也支持人应该对于自己所做过的错事负责，但在判断事情的时候更倾向于着眼于事实。武断地下结论不仅会伤害员工的感情，而且对于问题的解决没有任何帮助。对于企业来说，真正地解决问题显然比处理某个岗位上的人更加重要。但现实工作中的反例比比皆是。比如某家著名企业的产品质量、绩效考核、销售目标不合理等问题一直困扰着公司的发展，可解决的办法却是各级负责人或管理层在大会中自我检讨，甚至于在人前痛哭，表达自己做事不力。事实上的问题没有解决，可所有人都在潜意识中认定了这其实就是人的问题，包括这些自责的管理人员（无论真假），可痛哭之后问题还是没有能够真正解决，而更像是一场作秀。这种套路玩多了之后，大家的目光就从解决问题转向了“体现责任感的好态度”上面。可是一句“这是我的责任”除了显示态度好以外，根本没有什么效果，因为说话之人根本没有意识到这个责任他究竟能否承担得起。

每当说到这里，就会让我想起一个亲身经历的真实案例，案例很小，却很有代表性。之前给一家高新企业做咨询项目时，一次闲聊中，人力资源总监就向我们抱怨，许多员工在食堂就餐后，餐盘与餐具都不能按照规定按顺序投入专门设置的收集桶中，导致食堂工作人员每次清洗那些餐具都要花上很长一段时间去分开餐盘和勺子。而且餐盘在清洗之前，都要先进行残食处理，也导致了很多勺子被丢弃。因为是金属制勺子，所以价格较贵，食堂成本因为每天丢掉的大量金属勺子而提高不少，虽然也采取过惩罚监管措施，比如不定期派专人在旁边监管、放错餐具罚款等措施，但效果还是不明显。虽说公司很大，但也不可能专门为了这件小事专门招聘一个人，天天在那儿看着。这事搞得他们很是头疼。当提出这个问题的时候，我们也很纳闷，因为这家公司属于高新技术企业，员工整体素质都比较高，且公司各项制度完善，怎么还会出现这样的问题呢？等后来我们到了食堂吃午饭才发现问题，原来放餐盘的桶和放勺子的桶摆错了位置。食堂人流是有指引的，吃完后，员工首先接触到的是放餐盘的桶，所以就把餐盘扔了进去，而勺子一般是放在餐盘里的，也就理所当然地顺手扔了进去，显然大多数人扔的时候是毫无意识地扔了进去，等扔进去了才发现自己做错了事，可勺子已经扔进了残食桶中，也就没有人再去伸手捞那个勺子了。当发现了问题的真正原因后，解决的方式也就简单了，就是把两个桶调换个位置，把扔勺子的桶放在前面，扔餐盘和残食的桶放后面，问题迎刃而解。可见有时候做错事情并不全是人的问题，而是我们对于流程的忽视，如果能在重视“人”之前先去重视流程，就可以帮助我们事半功倍地完成工作。

其实任何一家企业在制定战略目标后，各个执行部门都会随之设计一套战术路径，并且这些战术内容中本身没有任何“人”的因素。所以如果要正本清源地去考虑“事情为什么没做好”这个问题，那么首先要去思考的是在战术设置上的对错问题，查看到底是哪里出了问题。如果工作安排没有问题，才要去看是不是负责工作的人出了什么问题，而不是只要出现问题就把它甩给某个人来承担，因为承担责任与问题解决之间并不能用等号进行联结。通常来说，在制定各种战术过程时，企业的执行部门确实是没有考虑其他过多的因素，顶多是斟酌下一些特定岗位人选的问题。但在正式实施后，情况就发生了改变。由于“人”的因素被牵扯进来，就让管理人员自然地把其他无关内容加入到了原本清晰的工作流程中，使其变得异常混乱。并且因为“人”的因素更为“亮眼”，所以就把战术中强调的“事”强制变为企业经营中的盲点，在问题解决中迷失了双眼。既然成为盲点，那么解决问题也就无从谈起了。这种在感官上的习惯偏好，逐渐就演变成忽视工作逻辑路线中的错误，只将错误归结于“人”的现象。在企业经营过程当中，任何一个问题的发生都是有原因的，这个原因可能是人为的，也可能是当初的战术设计，如果把错误都归结于人的身上，那么在执行过程中的问题就会被彻底地隐藏。

解决“人”是看似干脆也较为彻底的方法，等到接替者上任，一种可能是原有错误被改正，但所有人都不知道究竟是哪里出了问题，如果这个人离开，很有可能问题还会再次发生；另一种可能是问题依然存在，这时候无论是再换人还是集中精力去解决问题，都已经延误了改正的时机，企业的损失往往就会大很多。亡羊补牢，犹未迟也。一个错误发生之后，要做的并不是针对这个错误的批判，而是及时纠正，保证此类问题不再发生，这期间眼中应该只有“牢”的事情，而没有其他。如果在企业经营过程中，问题是发生在战术的执行层面上，那么问题的解决也要从战术的执行层面进行，我们谁也不敢保证把出问题的工作岗位上的人员裁撤后，问题就永远不再发生，重要的是要分析清楚问题出现的真正原因，而不是对其模糊处理。任何一家企业的人才都是少之又少的，大部分为战略执行的角色。问题能被解决，要得益于岗位接任者的聪明才智，将战术过程中的问题做了系统的梳理和解决，可这并不是一个常态和合理的解决办法，与其通过换人的方式来碰运气，不如绕过干扰的因素，直指战术过程这个核心，去根本地解决问题。

最后，企业经营不该“以人为本”更重要的意义，是要让大家认识到“人”实质上并不是企业发展的首要环节。在中国的传统文化中，自古就有“完人”的概念，并且一直延伸到了当代企业管理中。在这种概念下，企业认为发展是靠着“完人”、人才来推动的，所以企业自身的重心就落到了员工发展的层面上。这类观点的理解是，优秀的员工可以出色地完成任何工作，并且不会犯错，哪怕这些错误是因为别人的失误而造成的。如果在企业中充斥着这类员工，那么任何指令都会实现，哪怕是一些不切实际的要求。从这些观点中可以看到，许多类似企业对于自身发展的着眼点本身就是扭曲的。因为从本质上来讲，这就是一种不负责任的自欺欺人。先不说在现实情况中，恐怕很难找到一位“完人”。就算是有，也肯定是位高权重之人，能在企业中工作的也就几乎不存在了。而且在这种观念的影响下，很多公司的老板、管理者都热衷于在各种会议上作关于“对员工各种期望”的发言，和在公司内部对员工展开多种相关的培训，把关注员工的状态摆在第一的位置。在他们的认知中，一名员工的工作热情、工作能力和工作水平才是企业发展的关键，企业要做的是培养更多的“完人”。“完人”多了，自然会推动企业的发展。看似没有什么出入，可他们却没有注意到，战略目标的合理制定、战术路径的妥当安排等事项，才是真正从源头上影响企业的核心关键，可这些重要的工作在“人”的问题面前则变成了次要的工作职责。杰克·韦尔奇说过：我的工作就是将最好的人才放在最大的机会中。但要清楚地知道，是先有了这个“最大的机会”，才能够将“最好的人才”放在其中。从他的说法中也可以看到，企业的发展就是先要去设计执行的过程，然后再去思考“人”的问题。从另一个角度来讲，我们都知道任何一家企业其实都和人一样，不可能精力无限，当把有限的精力投入到了关注“人”的方面，那么也就没有精力去顾及真正的工作到底做得如何了。很多管理者意识到了这个问题，但敢于纠正的却是寥寥无几，因为相对于做战略、战术这类繁杂的具体工作而言，只需指指点点地做“人”的工作，这样更为简单，并且更“爽”。长此以往，这种本末倒置的工作方式就会让企业逐渐丧失发展的主动权，好像企业做不好是由于“员工不努力”所造成的一样，最终就使得企业管理与实际工作脱轨，这可以说是一种莫大的讽刺。

企业经营的重点在于执行工作的过程，并不在于人，企业追求的是创造价值和利润，并不是塑造什么完美的员工。虽然企业需要做培训员工的工作，但那也是为了给企业创造更大的价值，是以完成企业目标为前提的一种投资。培养员工能力的主责在于员工自身，并非在企业，企业存在的最主要目的还是在于价值和利润。所以在企业管理当中，一定要明确员工的发展是基于企业的发展这一事实。也就是说，在实现员工的发展之前，要先保障企业的发展。经常在一些言论中看到“人本管理”的论调，这当中强调的是注重员工自身价值以及员工未来发展，尊重和欣赏自己的员工。这本身没有什么大问题，但在具体实施当中，很多企业并没有彻底想清楚，而是单纯地理解成了“发展员工”，并且奢望能够通过发展员工来解决企业发展，把员工发展的重要性摆在了企业发展的前面。从表面上来看，一家企业的发展的确是依靠员工推动的，但仔细思考就会发现，企业发展最直接的原因是企业不断完成了既定的发展目标，所有的人不过是在执行了既定的战术路线而已。单纯地强调“发展员工”则是在没有特定目标下的“十全大补”，补完之后却发现没能和企业发展的目标和战术路径相匹配，变成了所学非所用。真正的员工发展是在企业顺利发展的过程中才能得以实现。在所有工作者的职业诉求当中，除了适当的报酬以外，还有很大程度的成就欲望。任何人在做工作的时候都喜欢“赢”的感觉，只有最终达成了目标，才证明所做的工作是有效的。只有员工所完成的目标不断提高，自己的工作水平才会真正得到锻炼和提升，实现真正的“员工发展”。所以说，只有在企业顺利发展的前提下，员工才有可能得到发展，如果忽视了“企业顺利发展”这一前提，那么在“人本管理”这种大方向的引导下，两者的重要程度就会发生错位，企业的发展也就无从谈起了，灾难也就随之而来了。

我一直认为，正确的管理方式应该是“事在人上”，这个“人”也包括各个企业的老板，他们要有足够清醒的认识，自己虽然作为企业的最高负责人，但也是在“事”的下面。一个优秀的管理者并非一个创造者，而应该是一个践行者。任何事物都有它本身的发展规律，虽然有“人定胜天”的说法存在，但也要遵循着“胜天”的规律去做，否则就成了“想当然”的异想天开，从这个角度来看，“事”的重要程度要远远高于“人”。企业的经营也是如此，工作流程就是企业中的“事”，它是企业经营的最高原则，以达成结果的路径形态而存在，和人的因素没有丝毫关系。企业经营中关注“人”的本质还在于除此之外并没有发现其他可以实际关注的事物，如果我们能够换个角度来看待管理，就会发现，让管理从流程的角度出发也不失为一种绝妙的方法。

这会让很多本来的“问题”不再是问题，并且当少了“人”的因素作为干扰，也会让管理变得轻松不少。所以我推荐，在企业制定战略的时候，就将具体实施的经营流程一同制定出来，并且以流程作为核心要素来推动企业的各项经营管理活动。

三、流程并不是一个简单的事物

前两节中，我一直在强调流程的重要性，及其因为不重视流程所产生的某些现象，究其原因，可以大致归咎于人们对流程的两个错误的认知：一是认为流程（描述）太过简单且固化，二是认为它的展示方式太过简单。而且因为大多数的企业在初创时就没有成熟且规范的流程，对于它的这两种认知就自然而然地形成了一种习惯性的印象，或者说是一种思维定式。所以扭转这种状态就会显得很困难，想改变这种情况，就必须先改变对于流程的错误认知。

上面提到的两个认知其实也是一种递进关系，正是因为流程看似简单且固化，所以让我们想当然地认为，它的表现方式也非常简单。其实流程一点也不像我们想象中的那么简单，如果细究起来我们可以把流程拆解得非常详细。我们认为的日常工作流程简单，是因为经过时间的推移、经验的积累等因素，我们已经把已知流程中的各个环节了然于心，但这并不代表工作的流程就是真的简单。举个简单的例子来说明，如果你有孩子，但孩子还小，所有的生活技能对于小孩子来说都是全新的，那就需要你去手把手地教他。就拿最简单的系鞋带来说，如果家长不教个十几遍或者几十遍，都很难让孩子学会。在我们教孩子的过程中，我们肯定会对系鞋带这个流程进行详细的说明，比方说，穿上鞋子后两根鞋带先摆放在什么位置，然后左手拿起一根鞋带放在哪里，右手拿起一根鞋带再放在哪里，然后两根鞋带怎么交叉，最后怎么结环，怎么系，等等。在这个案例中，所有家长都会极其耐心地去教导孩子，把整个系鞋带的流程掰开了揉碎了，一步步地告诉孩子该如何去做。我们把这个系鞋带的流程分解后发现，至少可以分成十步，可见这个流程如果细写起来其实并不容易。只是在这个过程当中，家长肯定认为系鞋带这个流程无比的简单。等到孩子学会以后，我们只需要跟孩子说“你把鞋带系上”就可以了。因为系鞋带这个流程对于孩子来说，已经很简单，可以独立操作完成了。这就是一个比较典型的将流程简单化的案例。久而久之，系鞋带这个流程就被孩子们给浓缩标记成了一个“事”。在这个“事”上，如果这个孩子没有太艺术性的追求的话，这个流程基本上一辈子也不会更改了，也就是我们所说的固化了。

在任何工作当中，所有人都像是那个学习系鞋带的孩子一样，对于工作都是一步步地被人带着一点点地学着做，或者是自己经过反复的验证推敲，总结出一个最优解的流程。但在做熟悉了之后就把整个过程给“事件化”了，仅仅是通过几个短语或词组就把整个流程给涵盖了起来，并且随之固化。但要记住的一点是，我们所做的工作仍然是一个流程。虽然我们可以把工作做到炉火纯青，乃至闭着眼睛都能完成的状态，但它依然是一个流程，而不是一个瞬间就可以完成的动作，仍然需要有先后顺序的动作组合来完成它。就像孩子系鞋带的案例中所表达的一样，就算系鞋带已经不再需要家长的教导，孩子可以在几秒钟内就能独立完成，但也同样是一个流程，只不过随着年龄的增长、时间的推移，这个流程孩子做得越来越多，所以在感官上将它描述成了瞬间就可以完成的事务。直至等到这个孩子有了孩子，他需要教导他的孩子时，才有可能将这个“事”重新拆解成一个较为复杂的详细流程。

可能很多人和我一样，在工作的这些年间都是从一个新手做起，或者是更换过岗位，需要面对一些陌生的工作。这时候，我们都像孩子一样无知，对于流程的全貌并没有太多的认识，都是通过学习才能逐渐掌握。从不熟悉到熟悉，流程本身没有任何变化，只是对于个人来说变得熟悉了，当我们再去描述或者展示的时候，也就成了口中的一个“事件”。这种情况最为典型的例子就是画流程图。众所周知，每家企业都有流程图，但大多数企业的流程图并不是一种可供执行的标准流程图，而是一种罗列事件形式的“工作顺序”图。比较典型的代表就是“先做这个，再做那个”，图的画法出自我们口中对于流程的描述。比如说，我们要画一个“处理客户投诉”的流程图，那么肯定会出现“客服岗位接到客户投诉——将客户投诉信息转到相关部门——相关部门处理客户投诉的问题并记录——客户人员进行满意度回访”这种框架式的流程描述，并用几根线连起来。这种说法或者流程图的画法看似没有问题，但最大的问题就是它根本就不是一个流程图，因为这当中没有任何流程的表述。回想一下教孩子系鞋带的例子就能发现，这根本就不能称之为流程，甚至连一个“流水账”都算不上。可能有人会说，我们的员工已经不是孩子了，这些小事就跟系鞋带一样简单，需要把它做得那么详细吗？我的回答是：需要，而且特别需要。因为这种错误的流程图对于工作根本就没有什么指导作用，就像把是人人都知道的废话制图打印后贴在了墙上一样，对员工没有任何价值，他们需要的反而是对于各种工作的详细指导。这种误区经常发生在我们的日常工作中，但大多数管理者并没有认清，执着地相信流程就是“简单和事件化”的，对于工作中的问题反而纠结起了员工的“执行力”问题，这个思路很明显就是错误的，所以很多企业才会层出不穷地出现许多让人感到无奈的基础工作问题。

这些工作问题对于企业来说是非常严重和常见的。当我们把流程简单且固化后，就下意识地认为工作是“不应该出现问题”的，如果仍然出了问题，那么很自然地就把问题归结于“人”的身上了。“执行力”这个词也就随之产生了。其实按照二八定律来统计，一家企业中的人才数量仅占20%，实际情况则会更少一些。这在企业招聘端的表现也非常明显，一方面是企业求贤若渴，但符合要求的人才寥寥无几；另一方面社会上充斥着大量的“怀才不遇”之人，也算是一种社会现象了。究其原因，还是因为企业并没有教给员工正确的工作逻辑和方法。在这点上，我相信很多管理者有所共鸣。我见过许多让领导头疼的员工，他们的表现也都很类似。总结一下，会有以下几个表现：

（1）工作做了，不管做的结果好不好；

（2）工作不会做便束之高阁；

（3）认为领导指派的任务不可能完成；

（4）对于本职专业不研究、不学习；

（5）为失败找各种借口。

当企业和领导碰到这种员工的时候，大多认为是执行力的问题，可深究一下，发现并不是这样。管理学本身起源于西方，可在西方管理学体系中，并无“执行力”的概念，执行力其实更多的是中国企业家抱怨员工效率低下，渴望员工高效执行任务、完成目标的一种愿景和期望。也正是因为如此，企业家们往往请讲师来公司授课，用“感恩”“激励”等话题来给员工打鸡血，但这种状态并不会持续太长时间，而且副作用比较明显。

我在国内各个企业中见过太多这样的实例，从各级领导口中听到最多的就是某某员工“做事不用心”“根本不想好好干”这类较为消极的评语。在大多数情况下，企业会认为员工没有全心全意地扑在工作上，做不好的原因是个人根本不愿意做好。而员工则会觉得冤枉无比。从这些事实可以看到，现在所理解的执行力只是偏执地认为是“愿不愿意做”这一点，这本身就是走向了一个偏颇的方向。在我看来，大多数员工并不是不想高效工作，而是不会。他们缺少的并非意愿，而是正确做事的能力。假如真的要讲执行力，我认为应该是“做什么”“怎么做”和“做的结果”这三方面的内容。只是现在市面上教授执行力课程的培训，大多数都解决不了这三点，所以才剑走偏锋地讲“愿不愿意”。这本身就是一种无奈的选择。这种打鸡血的方式看似管用，但实属隔靴搔痒，还要为了经济利益与装点门面去包装一下，最后就变成了成功学。技能类的培训看似会有效果，但再多、再好的培训与辅导多数都是一种启发式的教育，而非手把手的实际操作指导，所以实际效果也是欠佳。这种培训较为常见，多是以技能、素质为主，但又夹杂了一些企业文化、心态等方面的内容。企业中不乏这类培训项目，但最终的结果却多是让人感到失望，因为这些培养并没有抓住员工的核心工作诉求。企业中的培训内容无一例外都是对于“人”的要求，无论是工作，还是脑海中应具备的优良意识，都是在告诫员工以后碰到这类事情应该怎样去做。这些内容并不是属于“心灵鸡汤”的范畴，因为它毕竟指出了一些应该要做的事情。可是这些培训内容大多还是未能解决实际工作中应该“怎么做”的问题。就像在各类培训中，都在想办法去总结、提炼各种情况，然后根据情况提供各种各样的方法论，希望能够把最具智慧的知识点传递给所有人。可真实的情况是员工们并不想听这些，想要的只是“这颗螺丝应该怎么拧，我不会，你来告诉我”这种具体的事务。久而久之，员工们就会因为不实用的原因对这类培训产生抵抗情绪，多少有一些“狼来了”的味道在其中，用得多了自然也就收效甚微。更致命的一点是，让员工被动地贴上了“不求上进”的标签，后续的影响将会更为可怕。

其实解决工作中所谓执行力的问题，就像是教小孩子系鞋带一样，需要的不只是耐心，还要给出绝对适用于现状的方法论。在企业管理中一直有句流行语，叫作“不为失败找借口，只为成功找方法”，我觉得这句话同样可以用在执行力解决的问题上。我们总在强调，让员工去执行企业所定下的各种战略目标，当员工未达成目标时，能不能不把“员工不努力”当成借口，而是为“员工可以很好地执行”去找寻一些方法？与其和其他巨头抢人才，不如想办法激发企业中占着绝大多数的普通人的能量，这才是现在企业中最迫切需要完善的一项内容。从这个角度来看，其实员工的执行力在某种程度上体现出来的是企业的领导力，执行力更关乎的是各级管理人员的水平，要从现在的让员工“心怀感恩”快速转变到“使其知之”。所以让员工清晰地知道自己所做的工作是什么，如何去做，做的结果是什么，就成为企业管理者的重中之重。而这一切的重点是，各级管理者先要认清一个最基础的事实：流程并不是一个简单的事物，它不会随着时间的推移、经验的积累而发生改变，它自始至终都是一个状态，我们不能根据自身的习惯而强行改变它。特别是对于执行层面的员工来说，流程是可以支撑他们工作的最主要的工具，所以正视流程才是管理者最重要的职责（没有之一）。

四、课堂教育中的失误与正确的工作思维教育中的失误

对于错误流程认知的养成并非一朝一夕，它其实是经过了大量的习惯性的训练而成的。这其中对人们影响最深的是，在我们上学的时候，也就是说这些错误的认知是学习时“集大成的成果”，原因就是大部分的流程简单化及固定化的认知都是由此而来或是加深的。所以要找到真正的原因，就要回到过去寻找答案。这里，我用一个非常简单的案例来阐述我的理解。

我们将时钟拨回到九年义务教育阶段。有一堂课各位读者可能还会有些印象，那就是计算圆形的面积。老师讲课的时候，会通过教学大纲上的内容给我们讲解这个圆形的面积计算原理是什么，然后告诉你这个不用记！之后重点来了，告诉我们圆形面积的计算公式是$S=\pi r^2$，当然，这个公式是怎么来的也会告诉你，再补上一句，这个知道就好，也不用记。并且告诉你其中π是圆周率，具体是怎么来的应该是在之前就讲过，最后再讲r是半径的意思，r^2就是两个r相乘，而这个知识也是早就知道了。课程的最后再来一道例题，整节课就完成了。剩下的就是留课后作业，熟悉且背好公式，等到考试的时候考核你到底记住没有。

这里我问各位读者一个问题：你能否准确地说出来圆形面积的计算原理？就是老师课堂上所讲的公式是如何推导出来的。我想几乎已经没有人能答上来了，答不上来的原因是老师告诉我们根本不需要去记住它，所以我们也就没记住。但恰恰是这种“根本不需要记住”的东西，让很多人在工作中被动不已。接下来，我们来分析一下这种授课方式中有哪些地方对日后的流程简单化及固定化造成了极大的影响。

公式其实就是一个流程，在数学中它可能不会在意先后顺序，但其中的

各个项却是单独的存在。当这种方法用得时间长了，我们也就认为公式是以一个固定的形式出现了，只要它出现，就是以$S=\pi r^2$的形式出现，不再去进行拆解。这样当然对于计算数学题是有帮助的，但从另一个方面来讲，这个公式就被固定化了。从另一个方面来讲，公式所展现的是经过提炼后的成果，我们当时在课堂上就已经学会了，并且记住了。这就代表着，流程在我们眼中就成了一个很简单的东西，所以我们潜意识中就认为，公式就是简单的东西，人为地把它给简单化了。

这堂课教授的目标是让学生们记住圆形面积的解题过程，在授课当中只给了我们一个公式，并围绕着这个公式做了很多的讲解。通过这堂课，我们只是记住了公式，这个在工作的体现就是教会了我们系鞋带的方法。因为在课堂中只讲述了公式，所以我们也就认为解答圆形面积的问题也就只有这一条路，潜台词就是告诉了我们算出圆形面积的过程是唯一的，既然过程唯一，结果必然唯一，但我们都知道想得到结果，过程其实并不唯一。我们经常批判应试教育的种种弊端，其中之一就是标准答案的存在，但标准答案其实源于标准的过程。如果将过程唯一化后，得到的结果必然是标准的。这种标准过程的设置，其实就是限制了思考的幅度，也就是告诉你碰到了此类问题只能去这样思考，比如说蓝色的窗帘必然是代表着作者的忧郁心情。

在工作当中，领导们经常会说要的是结果，但课堂中恰恰教授的是过程，并且认为过程唯一化后的结果也是肯定正确的。受这种思维影响，久而久之，就将结果的重要性忽略了，其实我们的目的只是为了得到“这个圆形的面积”，这才是结果，公式不过是种手段。但在授课中已经将结果给忽略掉了，强调了过程，因此结果就成了最不重要的东西。

先有过程再有结果是行动顺序，但先有结果再有过程才是思维顺序。我们所熟知的目标管理、倒推法等方法论也是如此教导我们的，要先预设一个结果，然后再设计过程去得到它。但这种“逆向思维”在学生时代就没有养成，所以成人工作后运用得并不熟练。

在老师的眼中，有了过程得到结果确实没有任何问题，但问题是人们在工作当中要求的结果千千万万，各不相同，对于只学到了一堆公式的我们来说是微不足道。就算学生再聪明，会举一反三，但在庞大繁杂的工作结果的要求面前，还是会显得杯水车薪。所以在学校最应该学习和锻炼的应该是如何去推理出公式的能力，这才是应对工作所必需的。

工作时的错误逻辑解析

通过以上分析，就不难理解员工在工作时的各项表现为何如此了。他们在教育中接受了这种公式化的洗脑，头脑中已经有了固定的思维模式。将这种思维方式带入工作，便形成了各种低效的工作表现。以下是经常碰到的一些情况：

最为突出的就是等公式了。因为常年的教育都是在教我们牢记各种公式，所以在潜意识中，就认为没有公式就做不出题目，这种情况让大部分员工失去了探索未知的能力与意愿。当工作中碰到一个新鲜的事物或课题的时候，第一反应就是：公式在哪儿？没有公式的存在就判定这道题目我们是解不出来的。

因为公式唯一化的问题，我们不会对目标结果及做事过程产生任何怀疑。在工作当中，这种表现也比较常见，做一件事有了固定的方法，也就是公式后，便循环下去舒服地去做了。但很有可能中间的一些条件项或所求结果发生了改变，再套用原有的套路已经不可能行得通了，最终的结果也必定是不理想的。但员工自己却非常委屈，因为他认为自己已经按照“公式”去做了，不可能出错的，丝毫没有察觉到一些变量在改变着事情原有的轨迹。

公式已知化的问题也是企业经常出现的问题之一，这其实也是惯性思维的一种反向表现形式。还是再说回圆形的面积公式，就算过了几十年的今天，我们还是可以正确地说出它。但在工作中这种思维就没那么可爱了，经常会碰到“员工听到任务后就自认为了解该如何做了”这种情况，但在做的过程中又会碰到这样或那样的困难。因为他认为领导布置任务的过程其实就是一个授课的过程，就等于教授了“公式”，并且因为公式是以简单易懂且好记的形式存在，接收公式的过程仅仅是一个告知的动作即可，不需要太过复杂的操作就可以轻易得手，所以在自己的潜意识中就理解成了“我已经知道了解这道题的公式了”。其实情况往往恰恰相反，做事的流程其实并不了解。再举一个生活中的例子，比如说“重视交通安全”。这只是个任务，并没告诉你该怎么重视。重视交通安全是要有个流程的：当你是行人的时候，过马路时第一步要先看红绿灯，如果是红灯要停，绿灯时才能前行；第二步要左顾右看，看看有没有车在试图强行通过，如果有则要停止，不管是不是绿灯，车停了再过马路。这样来说才算是重视，一句“过马路时看红绿灯”，比一百句“重视交通安全”的标语都强得多。毛主席有句名言：要在战略上藐视敌人，在战术上重视敌人。这里的“战略藐视”指的是必胜的信心，“战术重视”指的是要有完备计划与策略。但在实际工作中，做反的情况却比比皆是。

在“公式已知”的情况下，各类资源的优先化就会凸显，这种优先性会在两种不同的人中体现出两种完全不同的效果，但无论哪种，其实都有很大问题。首先一种就是俗称的“笨人”，在资源选取上不会替代和创造，经常出现“没有筷子就不能吃饭”的囧状；另一种“聪明人”则危害性更大一些，由于公式是已知的，所以对他们来说不再重要，甚至是忽略了，便极致地追求方法论。但所有的资源其实都要和流程相匹配才能发挥作用。这种迷信“好点子”的情况要么解决不了真实问题，要么会让流程走偏，变成不考虑实际的“唯资源论”。

“公式简单化”与“公式已知化”是一对双胞胎，就像上面所说的“唯资源论”，现实中这种情况并不少见。经常听到“只要这么做了，这件事就可以了”的言论，探其原因，还是把事情看得过于简单，没有了解全部便妄下结论。因为公式在已知后确实简单，所以对于任何未知事务的流程也会在感官上认为它简单了。如果说踏踏实实地去梳理流程，我想大部分领导者会认为简单而嗤之以鼻。流程的简单化很容易隐藏其中的原理，所以把各个环节中的细节都给忽略掉了，就算出现问题也不会知道是怎么回事，只能在其他方面寻找解决办法。

正是因为教学过程中强调公式的重要性，所以就变成结果无要求了。上文说过唯一的过程肯定能够得到唯一的答案，虽然受应试教育的我们将答案看得无比重要，其实在潜意识中，人们真正认为重要的却是找到那唯一标准的过程，而对于得到的答案并不关心。因为标准答案不过是对于标准过程的一个检验，它的象征意义远远大于实际意义。在工作当中更是如此，每件工作也在追求着正确的公式，结果则变得无所谓，不管对错。如果当公式不成立而导致事情没有结果时，心灵鸡汤又出来为此辩护：结果不重要，其实享受过程才是最重要的。但真的如此吗？谁不想要结果呢？企业与员工个人不都是靠着结果在生存吗？抢着喝这碗鸡汤的人不过是在做不出结果又不明白原委时用这些话当作遮羞布罢了。

这样习惯了无结果的要求情况还会导致任务和结果的混淆，并且这个问题现在显得尤为突出。大家都清楚任务和结果本身就不是同一属性的事物，但在公式已知化且简单化的影响下，很自然就会给出“任务可以很快转化成结果”这种结论。当习惯成为自然，在说话方式上也就将任务和结果做了等号链接。比如说家长让孩子去吃饭，会说“快去吃饭”，而不是“你要去吃饱”，潜移默化地就将“吃饭”等同于了“吃饱”，所以很大部分人是无法将任务和结果做明确区分的。工作中特别典型的案例就是领导在布置工作的时候说，将某某事情做一下。员工就真的去做了，而在做之前并没有经过自己的思考加工，做的时候也不管做的结果如何，在做错受到批评后还会表现出一脸的委屈。

员工工作低效的成因

通过解析以上各种错误逻辑，就不难发现员工的低效工作行为的成因了。如果做下对比，就能清楚地找到它们之间的联系，那么改变这种现状也就有据可依了。我们依然用“执行力”中的一些问题来作比较，就会发现问题所在：

（1）工作做了，不管做的结果好不好：任务和结果的混淆，结果无要求。

（2）工作不会做便束之高阁：等公式。

（3）认为领导指派的任务不可能完成：公式唯一化、资源优先化。

（4）对于本职专业不研究、不学习，没有改善：公式/过程简单化。

（5）为失败找各种借口：不认为自己错了，没发现过程中的错误。（另一种则是知道自己错了，但是因为内心的不强大而拒绝承认，这点的成因后续章节会提到。）

正确的工作逻辑

以上的内容是我列举的逻辑错误的原因，要改变员工个人的工作思维，首先就要纠正这些逻辑错误，并将正确的逻辑灌输给员工。

任务≠结果，时刻牢记“吃饭≠吃饱”，这一点是做任何工作最基本的前提（推荐想了解更多关于此类知识点的读者阅读姜汝祥博士的《请给我结果》一书）。记得有一次作为甲方和一家拓展公司合作一个拓展项目，拓展的主题是“融合”，但听过对方公司的方案汇报后，我觉得他们的计划并没有真正贴合“融合”的主题，就是因为他们把“融合”这个词当作结果来解读，所以出现了偏差。其实这个词顶多算作一个任务，融合的结果是什么却没有想清楚。其实融合的结果也很好分析，经过简单的推理就可以得出结果：让每个参与拓展活动的人都能认识，互相感受到来自彼此的善意，让别人感到自己是个有能力、可以信赖的人，等等。根据这些再来编排活动，就能最终达到“在工作中可以融洽合作”的效果。当把这些具体的状态定义为结果之后，再反过来推理行动方案，就会变得更加有针对性。所以结果和任务的混淆绝对是一个不能忽略的问题，它可以直接决定着一件工作的完成效果。员工在日常工作中如能将此分辨清晰，那么个人的工作水平也会直线上升。

正确的工作逻辑中一定要清楚行动顺序和思维顺序是并存的。思维顺序代表的是在行动之前的一个计划，是为了行动进行指引。大多数人在行动之前并没有进行计划的习惯，所以思维顺序的体现也就并不突出。一个整体的工作逻辑中这两者缺一不可，不计划就执行是无法保证工作成果的。并且，它们既相同又有所不同。说它们相同是因为单纯地看这两种思维，就会发现它们都是由过程和结果作为主体结构，所涵盖的环节是相同的，都有任务、过程、结果这些要素。而不同点则是，行动顺序是先有过程才有结果，思维顺序一定是先有结果再有过程。由此而衍生出来的，就是在思维顺序中可将结果当作目标，工作中的所有努力都是为了尽量将结果做到与目标一致甚至实现超越。

工作的过程源于自我发现。就像圆形的面积计算公式一样，它的原理及推导过程我们已经忘了，但在形形色色的工作当中，这些“原理”才是体现员工水平的核心能力。工作当中我们碰到的事情99%都不是课本上学到的知识，碰到的所有问题几乎都是未曾见过的，以往的经验可能不再适用，也不再有老师去教你，这就需要员工有自我“创造公式”的能力。记得在看一些国外的电视剧时总能听到一句“I have a plan”（我有个计划），这其实就是在创造公式，拥有这种能力的人不会害怕面对新的挑战，也更善于把握机会，像剧集中的主角一样总是能够在危急关头化险为夷。

过程其实是不简单、非已知的，对于未知事物一定要充满敬畏，不仅在于工作中，生活也应当如此。公式的已知不代表整个过程的了解，很多人在这方面吃过大亏。在描述过程中最容易犯的错误就是“跳步”，只是将比较明显或重要的步骤写出来，这样做的后果就是很容易丢三落四，因为一些看似简单的步骤没有考虑到，往往会影响整件事的进行，所以一定要注意。中国有句古话，叫作“隔行如隔山”，但我认为在工作中应该更为细化，称作“隔事如隔山”。我们经常在公司中听到诸如“××岗位的活真轻松”“××工作特别简单”，但我敢肯定，只要不是例如打字员的初级岗位，那么他的工作一定有他独特的地方，换作一个新手来做，十有八九是会出问题的。在我做人事工作以前，也认为HR的工作很清闲，可真正工作之后才发现，招聘、薪酬、培训哪个模块都够我研究一辈子的。所以在面对一项新的工作或项目时，莫要妄下断论，而是应以谦卑的心态去考量这个新任务，在完全思考清楚、做清计划之后再去行动，这样就能提高不少成功概率。

资源的优先化是因为它是浮在表面上的，但如果脱离过程中的步骤而单独强调资源，就会变得毫无意义。“公式已知化”让过程显得无形，让资源显得有形，但它再有形也不能脱离过程中步骤的牵引。这种比喻就好比放风筝，放飞的风筝总是美丽的，人们的关注点也多在于风筝本身，对于风筝线则几乎没有关注，但若是这条线断了，再美丽的风筝也无法在天空中翱翔。在现实工作中，这种“断线”操作则频繁发生，方法和工具的选取更多的是依据直觉、经验等因素来决定的，是否适用于本企业或工作的过程现状则并没有经过太多的考虑。

第二章　流程与四维工作法

一、流程的正确形态

在第一章中，我主要说明了现在很多管理者及一线工作员工对于流程不重视且不了解的情况，以及工作中的一些表现。那么问题也就随之而来，究竟什么样的流程才是正确的？或者说，应该如何去重视流程？

这里先要阐明的一点是，流程虽然不是一个简单的事务，但组成流程的步骤却是非常简单且明确的。综合这些步骤后，流程的重要程度就会显得很高。所以我们这里要讲流程，就得先明确流程中各个步骤应该是什么样的。请各位读者记住以下这句话：

组成流程的是步骤，形成步骤的是动作。

流程是由步骤组合而成，这点应该没有太多的异议。而步骤的形成是动作，这点其实并没有多么高深，为了方便理解，我们可以再回想一下教孩子系鞋带的案例。在案例中，我们让孩子穿上鞋子后，两根鞋带先摆放在什么位置，然后左手拿起一根鞋带放在哪里，右手拿起另一根鞋带再放在哪里，然后两根鞋带怎么交叉，最后怎么结环，怎么系。这每一句话其实就代表着一个动作，并且只有通过一个个的动作描述和教导，才能让孩子自己演练和真正明白整个流程的全貌究竟是什么样的，也只有这样的过程才能称得上是

“手把手”。

理解了这点，我们就会发现，流程本身并没有多么高深，其实就是按照完成某件工作的行动顺序将所有动作进行罗列的描述。比如我们从宜家家居买了一件家具，如果没有选择安装服务的话，送货上门的时候，你只会得到家具的各种零件和一个产品安装说明书，这个说明书就是一个标准的工作流程。这个说明中不会省略任何一个步骤，也不会先去验证你掌握了什么技能，更不会因为你没有条件安装而做出任何改变，因为事实就是如此，整个流程只是得到结果最合理的步骤顺序。我们之前看到的那些“事件”化的步骤其实是很多动作的集合，所以如果想得到一个正确的流程，首先要把这些动作进行逐一的拆分，将它们一个个地罗列成可以单独执行的步骤。这一点在工作当中尤为重要，毕竟我们的工作并不是简单的系鞋带，哪怕是一个简单的岗位，都不会只有几个步骤，如果我们将这些步骤统一形容成一个“事件”，那么在工作分析当中将会把过程给隐藏，找不到任何切入点。

当然，这里也要着重说明一下，并不是所有流程都需要把动作彻底进行拆解，仍然可以允许一些类似系鞋带步骤的存在。比如一个约定俗成的、经过长时间验证过的、不需要进行动作分割的流程，我们确实可以对它进行动作合并，变成一个综合性的动作步骤。仍然用系鞋带来说明，我们前篇讲它确实是一个流程，只不过它是一个很小的流程，所以在成人眼中这个流程已经是一个整体了，它是约定俗成的，不会引起歧义的，且经过长时间验证过的流程，所以我们在一个流程中就可以把它当作一个动作步骤来看待。这种感觉和医生治病的情况很相似。比如一个人病了，如果是肢体、器官的常规损伤问题，那么只要做外科手术就能解决；如果是感冒发烧，我们就要去找病毒的原因，吃药来解决问题了。这里，我们可以发现，虽然都是医疗，但解决的层面是不一样的，肢体和器官本身已经是一个稳定的整体了，那么在问题发生时就不需要用微观的手段去解决；而病毒在细胞中，相对于肢体而言它是微观的存在，所以治病时就需要将人体做进一步的微观观察，细分到细胞层级才能找到问题所在。

另外，我们需要注意的是流程中步骤的连续性，即所有的步骤是能够相互连接在一起，有连贯性的、中间不能有“断档”或隐藏的情况出现。就像是我们看过的那种由很多纸叠在一起，然后在每张纸上画上有连续性的图像，最后快速翻阅纸张时就能够看到犹如动画片一般的情景，这些画当中是不能出现任何缺失的，否则就不能形成一个完整的“动画”。一个正确的流程也是如此，中间的步骤是不能缺失的。试想一下，如果家具的安装说明书中有了“跳步”的情况，哪怕只有一个，也会给安装带来很大的麻烦。并且这种步骤的缺失情况增加了太多的不确定性，因为流程的执行者会因要完成流程而不得不进行缺失步骤的“自我补充”，而这种补充则就是计划外的事务了，完全是不可控的状态，所带来的问题可能要比效益大得多。之前所提到“事件化”的步骤，同样也是没有遵循这项原则，所以这种流程就不能起到什么实质的作用。一个正确的流程应该像看电影一样，演员的动作不仅能够清晰可见，而且是呈连续性地展示在观众面前，否则就成了一部连环画，只能看到特定的情节画面，而各个画面的联系只能通过自己的想象去填补。

此外，一个正确的流程应该是一个单纯的动作步骤的组成，不会夹杂其他问题，特别是资源类的问题，所以千万不要把和动作无关的事务当作步骤写入流程中。比如“讨论会议”“标书”等，虽然想表达的是这个事务在流程中很重要，但这些确实不是步骤，因为它并不是动作。上文中提到的安装说明书就是一个很好的例子。这个工作流程没有提到除了动作以外的其他问题，这当中未具备的资源要靠自己去想办法解决。比如我们手中没有安装家具所需的称手工具，那我们就要再去商店去买一套工具，而不是因为你没有工具就要家具厂商改变产品的结构和安装流程。从这里我们就会发现，资源类的因素其实是因流程而存在，而非反之。所以我们在梳理流程时同样应遵循这种原则，不考虑任何流程之外的因素，只是按照最合理的顺序，在行动之前将每一个动作步骤进行罗列，然后根据步骤所需匹配上相应的资源。但相反的情况在工作中却不少，而这也是管理者较为头疼的现象之一：有些员工经常会说“领导派遣的任务无法完成，因为我没有这种或那种条件”。管理者听到后第一反应是“不应该是这样的”，但对方说的却是事实，让自己无法辩驳，最后只能无可奈何地找其他方法，这就是典型的用资源的因素来制约流程的例子。

了解了以上的流程原理后，就具备了自己动手做个正确流程的前提。但在这里还是要着重提示一下，步骤是动作，绝对不能写成事件或是其他的东西。这一点虽然容易理解，很多人还是会不自然地犯这样的错误。针对这种情况，我的建议是用“动宾短语”作为步骤的描述手法，并加以检查。举例说明，步骤中我们尽量用“写××”“录入××”“制作××”等字样的形式，不要用“需求信息”“分析”“订单”“仓库”等单独的名词或动词字样。结合上文提到过的步骤连续性，一个正确的流程中步骤的罗列应该是以下情形：

下达生产订单→接收订单信息→录入订单信息→更新生产计划→下达生产任务……

这样写的好处是，当我们使用动宾短语作为步骤描述时，可以和流程中的具体岗位及工作进行关联，防止流程的混乱。在后篇的制作流程图的教程中，我会对此再做进一步的详细解析。

可能读到这里，很多读者会说，就算不用你所说的流程方法，公司中的流程仍然可以很清晰，不会出错，毕竟在日常的经营过程中一直在使用着，没看到什么问题，而且就算是有问题，也并非你所说的流程问题。事实真是如此吗？

流程是完成目标的路线图。我们只有把它完整地描述下来，才能看出工作中是否走了弯路。如果没有一个正确且详细的流程，那么大部分情形是我们根本不了解工作的全貌，完全不知道工作是如何进行的，也就不知道问题发生在哪儿，这种情况在管理当中发生的概率很大。通常情况下，在一家企业中会有针对同一项工作的无数种流程存在，原因就是每个人的头脑中都有自己认为的流程，这像极了“盲人摸象”，不同的员工在描述流程时会大相径庭，甚至是同一个岗位的员工也是如此。其实这点我原先也是不相信的，因为在一家相对成熟的公司中，基础的经营流程应该是相对稳定的，不太可能出现上述情况。但在工作了多年以后，我发现这种现象比比皆是。我亲身经历过的案例就有许多，并且这种感觉越发强烈。无论我做管理咨询还是在企业中任职，每当某项业务有问题需要我解决时，我第一项工作都是把业务相关人员叫过来，一起开一个流程梳理会。在这种会议上，呈现出来的流程不清的问题，总能够让管理者自己也吃惊不已，从流程的第一个步骤开始，会场上的人就已经开始了“争吵”，能持续吵到最后一个步骤。从管理者角度来看，这个流程已经持续了许久，甚至是很多年，在公司内部已经执行过无数次，是绝对不可能出错的，绝对想不到还会出现这种情况。我曾经给各个企业做过上百条的流程，发现无论是业务成熟的企业，还是管理混乱的部门，流程不清的现象只有多少的区分，不存在完全没问题的情况。而且就算是管理最好的流程，它的清晰度都不会超过50%，这一点也着实让我惊讶不已，其原因就是没有掌握正确的梳理流程的方法。

在组织经营中，流程的不清晰源于没有在梳理流程时使用正确的方法。而一条不清晰的流程，可想而知会带来什么样的后果。我一直强调流程的重要性，要各级管理者去重视流程，而重视的方法就是要能够熟练掌握正确的梳理流程方式，也只有真正掌握了这些内容，才能够在真正意义上开启组织经营的相关工作。

二、四维工作法

四维工作法

之前的篇章一直在说的是关于流程的相关内容，阐述了它的重要性和正确的描述方式等，但它最核心的作用其实还是在应用领域中。流程对于工作的重要性已经是显而易见的，但终归这只是一个路径图，虽然它是在工作中有着“骨架”的作用，但并不是工作的全部，所以结合之前所讲过的正确的工作思维等内容，我要向各位读者介绍一种以流程为根基，结果为目的，使各个工作因素区分明确而又能够相互关联的工作方法：四维工作法。

四维工作法是以指导行动为主的工作方法论，“四维”指的是将整个做事的全貌分为任务、流程、资源与结果这四个环节，用维度来表示是因为可以在感官上区分这四个环节的不同属性，不易造成混淆，并且在应用层面中也能体现出“线、面、体”的维度效果。它的用途在于把工作中的所有环节按照不同属性进行分类拆分及细化的描述，以便规范员工在工作时的思考路径与行为标准，使其可以按照正确的逻辑完成一项工作。简单来说，就是帮助人们在做一件工作之前能够看得清晰，想得清楚，可以明确地指导具体行动，顺利达成结果。

它的设计灵感同样来源于现有的教学方法。虽然上述文章的内容一直在说教育中的一些弊端，但不可否认的一点是，行动顺序还是正确的。从开始布置一个任务到中间的过程，直至最后得出答案的行动，套路是毋庸置疑的，这和我们在做工作和其他事情时的行动顺序是一致的。如果我们再做深一步的加工，将整个进程进行反刍，就可以把所有细节看清楚，而这些细节的组合也正是我们做事的进程。首先，我们将每个解题的步骤进行分类表述。

（1）计算圆形的面积=任务；

（2）公式和里面的每个项=过程；

（3）圆形的面积是多少=结果。（可是在课堂中只会教你过程，对于结果，只能在具体的例题中才能体现）

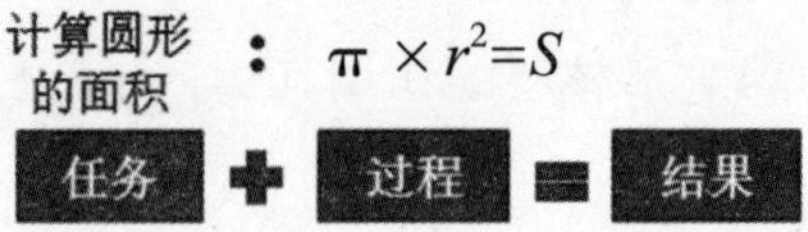

所以整个行动的顺序就变成了：任务+过程=结果。又因为过程是涵盖了公式和里面的每个项，那么就能知道过程其实是由两个东西组成的：一个是公式，一个是项的具体数值。如果按照工作语言进行翻译，那么数学公式就是做一件事的流程，因为它代表了一种步骤的组成；而公式中的项的数值则就是步骤完成所需的必要条件，也就是资源。所以，过程=流程+资源。那么整个等式就变成：任务+流程+资源=结果。

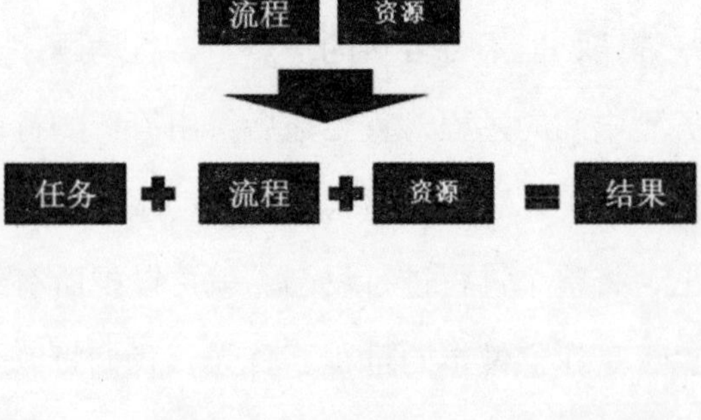

将这些环节与维度进行匹配，并将结果前置，就成为：

结果（四维）=任务（一维）+流程（二维）+资源（三维）

要想得到结果，那么任务、流程、资源三要素缺一不可。就像数学教学中的一样，没有一个要素是可以忽略的。用维度对工作方法进行命名的方式符合行为逻辑与层级感官上的习惯。一维的任务只是一个工作的名称，比如销售，仅仅是限定了领域，因为它的限定，就会知道这不是在做行政人事、采购、生产等工作，可以看作一条线；加入流程后就变成了一个二维的面，也就是销售工作中的各个步骤动作的横向展开，也是我们最容易忽视的部分；三维的资源则是为了完成流程中的各步骤所必备的一些条件，是与单个步骤并排链接但资源之间又不会相互链接的关系，与流程一起组成了一个三维的立方体；四维则是因为随着时间的推移，使原有的事物发生了改变，变成了一个全新的事物，也就是形成了最终的结果。

一维：任务，指工作任务的方向、名称或特定领域。

二维：流程，指具体工作中动作步骤的总和。

三维：资源，指完成流程中某一步骤所需的条件。在实际工作中，资源主要以“制度、方法、工具、时间”这四项内容作为体现。

四维：结果，指工作产出。

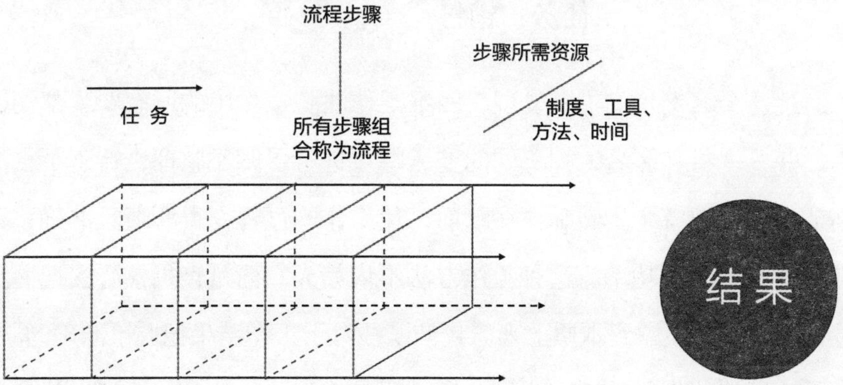

这里用一个理想状态下的简单虚拟案例来帮助理解。假设你是一名销售人员，领导给了你一项工作——进行销售，这就是任务。你要完成这个任务，就要根据流程一步步地往前推，比如“查找客户”“客户拜访”等，并且根据流程的各个步骤寻找到所匹配的资源。例如，要想完成“查找客户”这个步骤，就需要有“客户信息”。最后当你完成所有的流程步骤并且无误后，你就得到你想要的结果，例如完成了10万元的销售额。

任务	销售				
流程	查找客户	拜访客户	推销商品	签订合同	回款
资源	客户信息	沟通技巧	销售技巧	合同范本	正规发票
结果	完成 10 万元销售额				

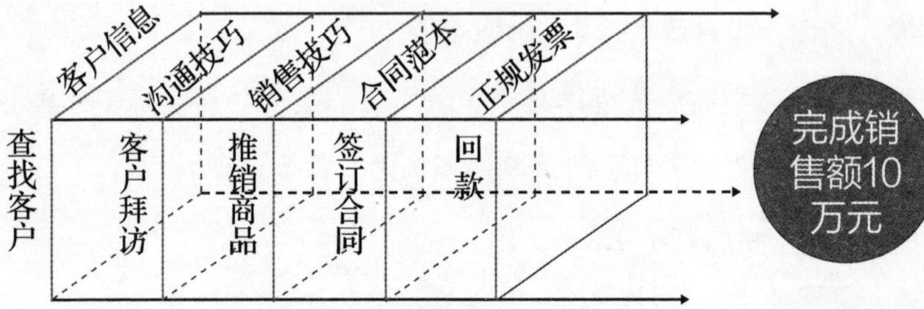

任务：销售

通过这个案例我们可以发现，四维工作法将工作中的所有要素都涵盖了进去，并一一将其区分，把不同的要素特点进行了归类整理，特别是在流程的环节，可以把每个步骤都摆在眼前，使工作的过程变得清晰且准确，大大提升达成结果的成功率。这种工作方法不依赖人，而是直指核心去把握工作的过程，把工作还原到本质上来。我们以往对于工作结果把握不准确的原因，就在于流程的缺失及过程的模糊。通过四维工作法，从开始接到任务到最后任务的完成都能清晰地看到，就能使我们能够准确地监督每个环节，不论是做得好的地方还是不好的地方都能一目了然。

四维工作法中的行动顺序与思维顺序

但这里有一个问题，就是我们工作时所强调的是结果前置。也就是说在还没有完成结果的时候要先预设一个结果，并以此为目标去设计整个行动过程，这样才是正确的工作方式。说到这里，就要再结合教育中的误区进行一下说明，四维工作法的等式中是包含了两种顺序的存在，即思维顺序与行动顺序。之前谈到教育的误区中讲过行动顺序和思维顺序是两种东西，我们在常规的教育中只重视了行动顺序而没有重视思维顺序，从而导致在工作中没有计划，也不会计划，所以学生们在考试方面（只有行动）可以是一把好手，但在工作中（先有计划再有行动）就显得不足。再借助一张和教育的对比图来直观理解这部分的内容：

做事方式区分	区分点	老师的话	现象	结论	是什么	怎么用	思维顺序
我们的教育★	★	（根本不提）	没有人去考虑	根本不考虑	价值	不提	④
	☆	（这个圆形的面积到底是多少）	没有人去考虑	结果		假设定义	②
	★	同学们，今天我来教大家计算圆形的面积	给予	不给不知道	方向	告知	①
	☆	圆形的面积是怎么来的（这个不用记）	不会发现问题	任务		派遣/发现	①
做事的真理☆	★	圆形面积的公式是什么	给予	不给不知道	步骤	告知	②
	☆	面积公式是怎么来的（这个不用记）	等流程	流程		摸索/寻找	③
	★	公式里的每一项是什么，π是什么	给予	不给不知道	工具和方法	告知	③
	☆	π怎么来的（这个不用记）	追求方法	资源		创造/寻找	④

先注意看★的部分，这就是在课堂上所讲述的内容。结合上面所讲的四维工作法，套进去就会发现，这其实就是一个完整的行动过程。老师给了计算圆形面积的任务，并且给了公式，也就是流程，又直接或间接地给予了资源π和r（有时需要从题设中计算得出），学生们才能顺利地算出答案，得到"这个圆形的面积究竟是多少"这个结果。而如果是在工作当中，则是另一番景象。再来看☆的部分，任务"计算这个圆形的面积"可能是上级派给你的，也有可能是自己发现的；然后马上转到结果进行假设，根据结果设定目标，预估面积可能是x；再根据目标创建一个流程，也就是公式；最后根据流程的步骤寻找匹配的资源。（这里不去纠结于任何人都有创造数学公式的能力，毕竟大多数工作不需要极高的智商，我想表达的是一种工作方法论）这一顺序完全是在头脑中进行的，并没有实际的行动，也就是我们所说的"计划"，等到这些都想清楚之后，再根据行动顺序按部就班地计算，得到与x相匹配的结果。通过这些讲解，我们就会发现，现在的教育制度只是教给了我们行动顺序，但没有教给我们在行动顺序之前还应该有思维顺序。我们一直在强调现行教育制度的某些不妥，却又找不到究竟是哪里出了问题，其实这才是症结所在，本质上讲，就是教育和实际工作相脱钩。

明白了这个道理，我们就会得出一个结论：一件工作得以顺利完成，是先有思维顺序，而后再有行动顺序。这两种顺序中的要素都是任务、流程、资源、结果这四类，只是它们的排列方式不同。所以四维工作法的方法论公式虽然只有一个，但在套用公式进行工作时，要首先注意到思维顺序而非行动顺序。

思维顺序：②结果=①任务+③流程+④资源

行动顺序：④结果=①任务+②流程+③资源

我们这里仍然用那个理想状态下的虚拟简单案例来帮助理解。假设你还是一名销售人员，领导给了你一个工作——进行销售，这就是任务，在思维顺序中排在第一位；然后马上就给出了目标，是10万元的销售额，这就在思维顺序中排在第二位的结果；根据这个目标，你在脑海中计划出了具体的行动流程，包括“查找客户”“客户拜访”等，也就是流程和其中的各个步骤；又根据流程中各步骤的实际情况，分别进行了工作方法的训练或工具上的准备，也就是资源。至此，已按照思维顺序计划好全部的工作内容，也就是俗话说的“胸有成竹”。在这之后，你就按照行动顺序进行实施。这当中的任务自然相同，然后根据流程步骤开始一步步地推进实施，而推进的方式和打游戏过关的方式类似，即运用一个资源完成了一个步骤之后，再进行下一个步骤的实施，这当中无法进行“跳步”。在所有的步骤都完成之后，客户将10万元的账款打到了公司账户，即代表了你销售工作的结果就是10万元销售额。

在看懂了这个简单的案例并了解了相关原理后，我们再将这四个环节进行单独的详细描述，以便加深理解。

（1）任务。任务的字面理解其实就是要做的事情，在工作中可能是领导交代的一个项目，或是本岗位所要求的一项日常工作。任务起到的作用是指引方向。它和结果不同，不存在任何属性，我们从中只能了解到这个工作是属于哪个领域而已，起到了标签的作用。但无论是在行动顺序还是思维顺序中，任务都是作为整个工作的起始点，是第一个环节，所以它的优先级是排在最高位的。

（2）流程。流程是具体工作的详细展开，所以在行动顺序中的优先级仅次于任务，但在思维顺序中，则会排在结果的后面。流程理解起来也并不困难，就是工作中所有步骤的集合，但要着重明确的是，它的真实形态是动作的集合，即所有的步骤均为动作，并且不可“跳步”。我把流程比作空气，异常重要。空气本身无色无味，充满各个角落又透明不可分辨，所以与其他事务比起来显得无足轻重，但没了它则会发现连生命都成了问题。前述内容中提到了公式已知化和简单化的问题，所对应的就是流程在工作中的被轻视感。

也正因为这种轻视感，才会使得许多企业在编制流程中经常出现诸如步骤属性错误或“跳步”等问题，这些对于工作的执行会出现致命性的影响。

（3）资源。资源就是完成流程中各步骤所需的条件，也正是我们工作时最具亮点的地方。（在实际工作中，资源主要以“制度”“方法”“工具”“时间”这四项内容作为体现）因为流程本身并不是工作，只是一条行动路径，所以在大部分情况下，我们口中的工作其实就是资源中的方法、工具等内容。回想一下刚才的简单案例，流程中的步骤是“查找客户”，那么与之匹配的资源则就是“如何查找客户”；同理而言，第二个步骤是“拜访客户”，那么它的资源就应是“如何进行客户拜访”。资源的存在是为了配合步骤的顺利进行，所以资源是不能脱离流程而独立存在的，否则就没有任何意义，所以资源的优先级无论在行动顺序还是思维顺序中都是紧跟在流程之后。

（4）结果。结果是一种无形与有形相结合的产物。在行动顺序中，它是有形的，是能看得见摸得着的，所以优先级顺序排在最后；但在思维顺序中，因为需要假设定义的关系，它又变成了无形之物，只能存在于人们的想象之中，所以在设计阶段中是紧贴着任务，排在第二位。我们在学习目标管理相关的课程时被告知，一定是要先预设结果的，这样的好处就是可以反过来指导整个做事的过程，以求提高结果的成功率。如果过程得当，计划周密，那么这种无形的预设往往和真实的结果不会差别太大，这就是结果既无形又有形的原因。

三、四维工作法的作用

学习正确的工作逻辑

员工的工作能力不强，大部分是因为脑海中没有正确的工作逻辑，四维工作法能从根本上让员工学习到这些逻辑。通过日常的工作，逐步锻炼员工掌握这些看似浅显的道理，不需要刻意地教授，只要不断地执行就能起到学习的效果，这在工作当中是非常有必要的。作为管理者，经常讲的话就是“授人以鱼，不如授人以渔”，而在工作的逻辑思维领域，以下几点就是四维工作法中最强调的“渔”。

1. 任务≠结果

任务和结果在公式中作为两个不同的环节，从感官就将它们做了区分。如果将工作套入四维工作法的公式中，就能很直观地发现其各自的属性不同，避免出现混淆，在交代工作和汇报工作的时候能够加以明确的区分。

2. 强调流程

在以往的工作中，流程是最容易被忽略的一环，一个重要的原因是没有将它显露出来。在四维工作法中，把流程的概念做了突出的标示，这种被动强迫式的流程展现方法杜绝了这种情况的发生，这就让所有人在工作中重视流程的存在。当重视了流程，过程中的每个行动步骤就能被清晰地展示在眼前，无论是在计划还是在行动当中，都不容易产生“跳步”或过程模糊的情况。

3. 解决如何“做计划”的问题

四维工作法的方法论公式只有一个，但强调有两种不同的顺序，即思维顺序与行动顺序。行动顺序是解决实际工作中的具体行动方式，而思维过程则是解决了“做计划”的问题。在以往的工作中，如果没有经过专业的训练，做计划时更多的是靠个人发挥，没有明确的“操作指南”。四维工作法则为其提供了一种简单、有效、直接的方法。最值得突出的一点是，因为两种顺序所用到的元素都是相同的，所以计划与日后的行动中各类细节与步骤都是相吻合的，如果操作得当，则大大减少了计划与实际行动不匹配的情况。

4. 养成“过程源于自我发现”的习惯

在方法论的公式中，我们将流程和资源作为工作方法中的一个特定元素来看待，那么就需要人们在工作时找到符合的内容与之进行匹配，被动地表达了它们的非已知性，就表明了大部分工作的过程实际上是需要自己去发现的，即流程和资源既然是在未知的状态中，则需要通过自己将它们梳理清晰。这种梳理也并非简单的描述重点，而是将所有的动作一步步进行详细的描述，不遗漏任何一个细小步骤。经过长时间的“训练”，就会让人养成“过程源于自我发现”的习惯，不再是单纯地“等流程”。

5. 不让资源干扰流程

公式中将流程与资源进行了拆分，并把资源放在流程的后面，就会强制员工在工作时先考虑流程再思考资源，而流程中罗列的清晰步骤也会顺其自然地将资源与之进行匹配。在大多数“资源绑架流程”的情况中，是因为没有将流程及步骤做突出的标示，所以就无法判定流程和资源的合理性。在四维工作法中，先流程后资源的表达方式则能彻底地避免这种情况发生，可以杜绝资源干扰流程的情况。

解决执行力不足的问题

当我们掌握了正确的工作逻辑之后，再去面对所谓“执行力”的问题，就不攻自破了。我在第一章内容中提到过，企业中经常发生的员工执行力不足的情况，并阐述了是因为传统教育中的部分失误而导致这种情况发生。那么在理解了四维工作法后，我们就能真正地“对症下药”，大大改善这些错误现象。在以往对待执行力的问题上，大多数管理者强调的是“人”的因素，这当中包含了态度、能力、激励等问题，但经过我们的分析，发现其实真正的原因是“事”的因素，包括目标不清晰、标准不明确、过程不了解等问题，恰恰四维工作法可以解决这些问题。

四维工作法中首先强调的是一个等式：结果=任务+流程+资源。因为等式将整个工作过程中的各项环节加以明确区分，就解决了现有“执行力”解决方案中未提到的“怎么做”（流程+资源）及“做成什么样”（结果）的问题。这种工作方法论特别强调了工作中的过程，将它进行完全的剖析，把所有细节展示出来，变成一种“说明书”式的展示方式，这样员工就可以做到对工作了如指掌，彻底明白“怎么做”。也就是说，四维工作法能够解决人们在工作时所发现的或未能发现的目标不清晰、标准不明确、过程不了解等问题。

我们可以根据具体的执行力问题来看下四维工作法是如何解决的：

执行力问题	成因	思维工作法的解决方式
工作做了，不管做的结果好不好	任务和结果的混淆，结果无要求	区分任务与结果，并对结果有具体的要求
工作不会做便束之高阁	等公式，等流程	需要自己发现 / 推导出流程
认为领导指派的任务不可能完成	公式唯一化、资源优先化	针对不同的工作有不同的工作流程，并且流程问题优先于资源问题
对于本职专业不研究、不学习，没有改善	公式 / 过程简单化	流程步骤动作化且清晰可见，容易暴露现有问题，为改善创造条件
为失败找各种借口	没发现工作过程中的错误	突出流程在工作中的重要性，强制发现流程与资源中的错误

“执行力”的问题其实本身并不是问题，只是因为存在日常工作思维的误区，所以把它变成了一个问题。这种说法比较拗口，如果换成通俗的解释，那就是我们口中所谓的“执行力”的问题其实本来应该是不存在的，是因为多种因素的集成所产生的一种问题现象。如果我们能在“工作逻辑养成”这个阶段就把功课做足，那么就不会发生所谓的“执行力”的问题。四维工作法就是一个能够养成正确工作逻辑的方法，因为它本身就是通过正确的工作逻辑演化而来的，所以在使用这套方法论工作时，就能逐渐训练我们正确地看待工作，绕开那些不必要存在的问题，顺利地达成结果。

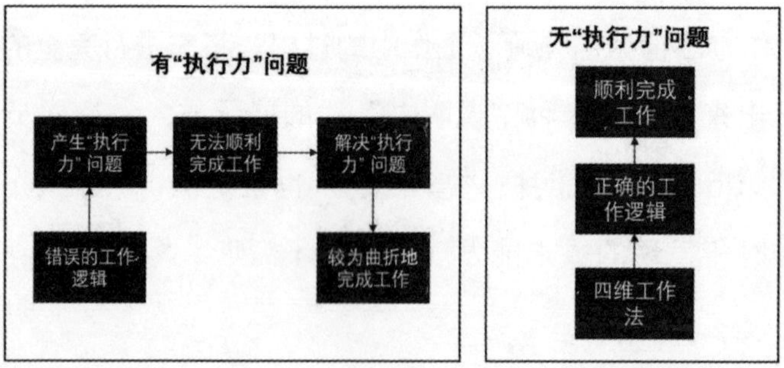

企业的第二职责

众所周知，企业的首要职责就是产生价值、创造利润，但从管理角度来讲，还要承担起学校的职责，教育和培训企业的员工如何去正确地工作。虽说这些都是无奈之举，但作为长久发展的投入也是值得的。任何一家公司中，真正的人才一定是少之又少的，大多数员工只是平凡之辈，企业要想实现整体的飞跃，就要同“木桶理论”中所强调的一样，想办法提升大部分普通员工的工作能力，补足短板。在现实情况中，虽然很多企业也意识到了这点，但我看到，无论内部培训还是外部培训，他们却更多地注重于某一个特定工作方法上的教学。虽然说培训这些内容并没有什么过错，但在此之前，最好先为员工打开“上帝之眼”，让其从根本上知道正确的工作逻辑是什么。我们常说，“授人以鱼，不如授人以渔”，在企业的培训端也应遵守这条原则，短平快的方法培训固然可以保证现在情况的稳定，但对于企业整体的发展来说并不能起到太大的作用。对于这一点而言，企业管理者一定要有清晰的认识，并做好长期努力的思想准备。

国内现在的各种教育方式与企业中的工作能力要求还不能达到完美的对接，这就在学校与企业之间产生了一个“中间地带”。比如刚毕业的大学生进入企业参加工作，总是要先以“实习生”“管培生”的身份沉淀一段时间，就是让他们在这个“中间地带”进行适应、过渡。企业自身也清楚，刚参加工作的年轻人不太可能独立完成一些工作，需要有老员工带领他们，教给他们真正的工作技能。虽然意识到了这一点，可大多数企业做得并不够，没有做到足够的重视。所以我建议企业应该在经营的第一职责之外，重视自身的第二职责：普遍的工作逻辑教育，也就是我们所说的学校职能。

说到这点，可能很多人会说到“企业大学”。我并不否认这一点，也承认很多企业在这方面做得非常优秀，可我还是要问，是否把“企业大学”的重要程度抬高到了与企业经营同等或是其次的位置？我想很少有企业能做到这点。这其中的原因，还是在于“企业大学”所教授的内容中特定的工作方法占了较大的篇幅。这就和我们上学时的情况一样了，仍然是在“学公式”，所以这条学习流水线上的员工只不过比别人多了一些特定的工作技能，对于提升企业整体的工作效率没有太大的帮助，那么和经营的重要程度相比起来，自然不能相提并论。另外，这类“企业大学”并不是在教育企业中的大部分人，而是一些特定的或是管理岗位人员，不能达到全员普及的状态，所以这也就不符合我所说的“学校”概念。

我在前篇文章中解释过教育中的一些失误，也正是这些失误才应该是企业去弥补的内容。企业中的学校就应该盯住这些“中间地带”下功夫。在这片区域中，并不是只有新员工存在，而是几乎所有人都在其中，不同人之间有差别但也只有深浅之分。我们一般所说的学校和大学是不同的，一种是普惠制的教育，一种是高等教育，高级管理的课程是属于高等教育范畴，高大上的管理理念当然需要有，但更重要的是让绝大部分人明白正确的工作逻辑，提升整体的工作水平，这才是企业最应该关注的地方，也是我认为仅次于经营的重点。楼房的高矮取决于地基的深浅。试想一下，当企业中的绝大部分人都能顺利地完成本职工作，那么无论是谈高级管理还是经营战略，都会轻松不少。

对于“正确的工作逻辑”的教学内容，我个人认为并不需要太多的花样，直接使用四维工作法即可。在教学方式上，无论是集体培训还是单独辅导，都能起到不错的效果。这其中更为有效的方式就是将教育融入日常工作之中。让培训融入工作是许多企业培训部门追求的目标，这一点同样也是我推崇的，而且相比于特定的工作方法而言，工作逻辑的融入方式会更加彻底，还可以达到不间断训练的目的。因为四维工作法的作用就是能够让人们正确地工作，它就像“背背佳”一样，强制矫正一些在工作中容易出错的地方，并且在几乎所有的工作中都能运用。这就比普通的工作方法培训课程更具优势，不存在“学过就忘”的情况，也不会出现“记忆衰减”，而是越做越熟练。我相信，经过企业长时间的推广与执行，员工整体的工作水平必然会有显著的提升。

四、四维工作法的应用：四维流程图

四维工作法是一种层次感分明的工作方法论，可以把整个工作的过程拆分得极为细致，让其中没有任何可以混淆及忽略的地方。但在日常的工作运用中，只凭借着“结果=任务+流程+资源”的方法论公式还是很难将它和完整的工作细节联系起来，特别是资源的部分，单凭文字或想象就做出相应的梳理与匹配较为困难。并且多数员工的个人工作仅为流程中的个别步骤，对于流程的代入感不强烈，所以这里我们就需要将公式图像化，借助图形的表达方式，将其变成可以指导工作执行的具体应用，这就是本章重点要向大家介绍的“四维流程图”。

传统流程图画法的误区

“四维流程图”是由四维工作法演变而来，既是根据其原理设计的一种流程图，也是四维工作法最直观的一种应用方式。但此流程图并非我们日常所见的普通流程图，原因就是它改正了多种常见流程图画法上的错误。在常见的流程图画法中我认为有太多不合理的地方，但这些不合理的问题却没有引起足够的重视，所以在工作的具体实施中经常会出现流程走不下去，或是流程图中相关联的部门、岗位之间扯皮等现象。下图就是一个典型的“不合理流程图”。

订单管理流程（示意图）

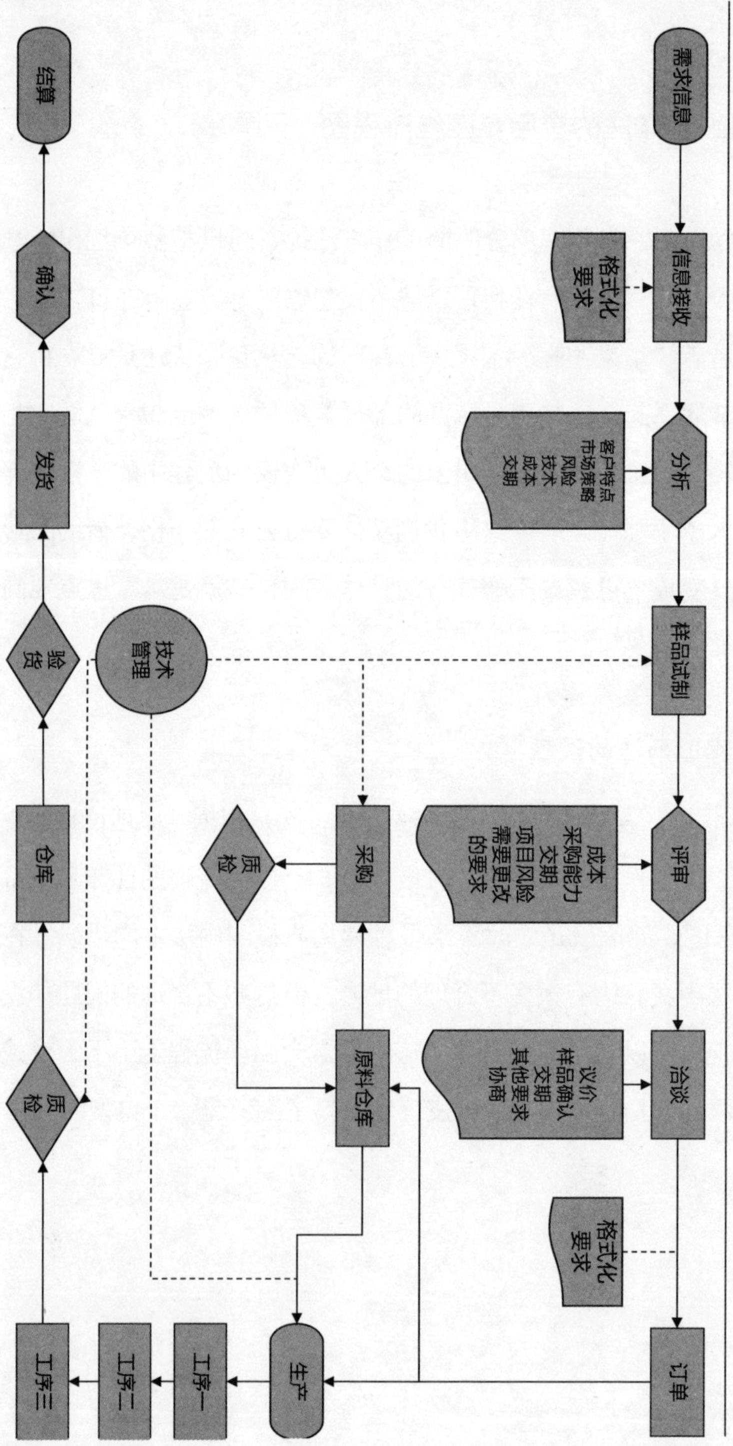
需求信息
信息接收
格式化要求
分析
客户特点
市场策略
风险
技术
成本
交期
样品试制
技术管理
评审
成本
采购能力
交期
项目风险
需要更改的要求
洽谈
议价
样品确认
交期
其他要求
协商
格式化要求
订单
采购
质检
原料仓库
生产
工序一
工序二
工序三
质检
仓库
验货
发货
确认
结算

如果你已经掌握了四维工作法的工作逻辑，在看这张流程图时，就会发现它体现不出任何细节，有的只是粗线条的指引，充其量只能算是一种工作指引。这幅图不能体现出步骤的动作属性、职责区分、标准、工具、方法指引、时间期限和制度约束，对于可传承性就更是一种奢求了，等于说是“想到哪儿写到哪儿”。这张流程图中的大部分步骤都无法和资源做直接的链接。前文说过，其实资源才是要做的工作，那么当流程和资源无法做到平行对接时，员工就只能剩下迷茫了。如果在工作当中使用的是这种流程，那么还要做一次“二次加工”，将里面的各个大步骤当作任务，再去分解成可以指导行动的流程，但在日常工作中，这一步往往不会体现在纸面上，而是被模糊处理了，所以导致诸如进程的不可控和无从下手等问题频发。我通过以往的工作总结发现，凡是用此类方法制定流程或流程图的企业，在流程的运行中都存在很大的问题。无论负责此事的管理人员如何自信，都会在流程讨论会议中惊讶不已，发现一直强调的流程在执行过程中早已面目全非，甚至在每个下属的头脑中都有各自的版本。这种现象并不是管理者和员工的工作心态或意识问题，而是在方法上出了错误。我将这种流程图称作“想当然流程图”，就是在制作这种流程图时，负责人没有按照动作属性进行步骤的罗列，而是以“先这样、再那样”的模块式步骤进行编制，导致了过程中出现了大量的模糊步骤。同样错误的思考方式也经常会在工作中出现，比如在一些工作中会采用“试错”的方法，而在计划中很自然地就出现了“想当然”的情况，在还没搞清楚过程的全貌时就直接行动。我个人并不反对这种方法，只是提倡在“试错”之前就有详细完善的计划，这样才能在日后的总结中准确地找出对和错的地方。如果只是一味地“想当然”，“试错”的意义将荡然无存。

除了细节不清晰这个大问题之外，这种流程图更为致命的一点是不能起到共识的效果。在企业的经营管理中，流程就是共识的最好体现，而流程图则是达成共识最有效的工具。就像数学公式的特性一样，因为细节的清晰，所以公式在每个人的脑海中都是以同一种形式存在的。流程图就是企业经营中的公式，在很多需要达成共识的工作中，很多人都会抱怨对方不能准确理解自己的意图。其原因就是双方头脑中的“公式”并非同一个，就算将结果预先反复确认，做出来的效果也会有或多或少的差别。更为遗憾的是，由于没有这种共识的存在，未来的完善、改进工作和有效传承也将无从谈起。我一直在强调流程的重要性，是因为结果与流程是紧密相关的，如果流程无法统一，结果必然是不一样的。

四维流程图及其优势

四维工作法的应用重点就是流程图，我认为真正的流程图应该是可以清晰地描述工作的全貌，所有细节跃然纸上，各种概念彼此互存互通又界限分明，像一本“标准作业手册”，可以直接指导工作。在理想状态下，哪怕是一个刚接触工作的新人，都可以尝试着上手去做。四维流程图的创作源于四维工作法，它的核心思想就是指导行动而非指导思想或方向指引。我们的思维中有一个误区，总是认为一个人的思想认识达到一定高度后，才可以有符合规格的行动，但现实中常常是原理讲了一万遍，不如手把手带领做一次有效果。四维流程图的展现方式就以此为原则。以下是一个“某订单生产流程”四维流程图真实案例的部分节选内容。

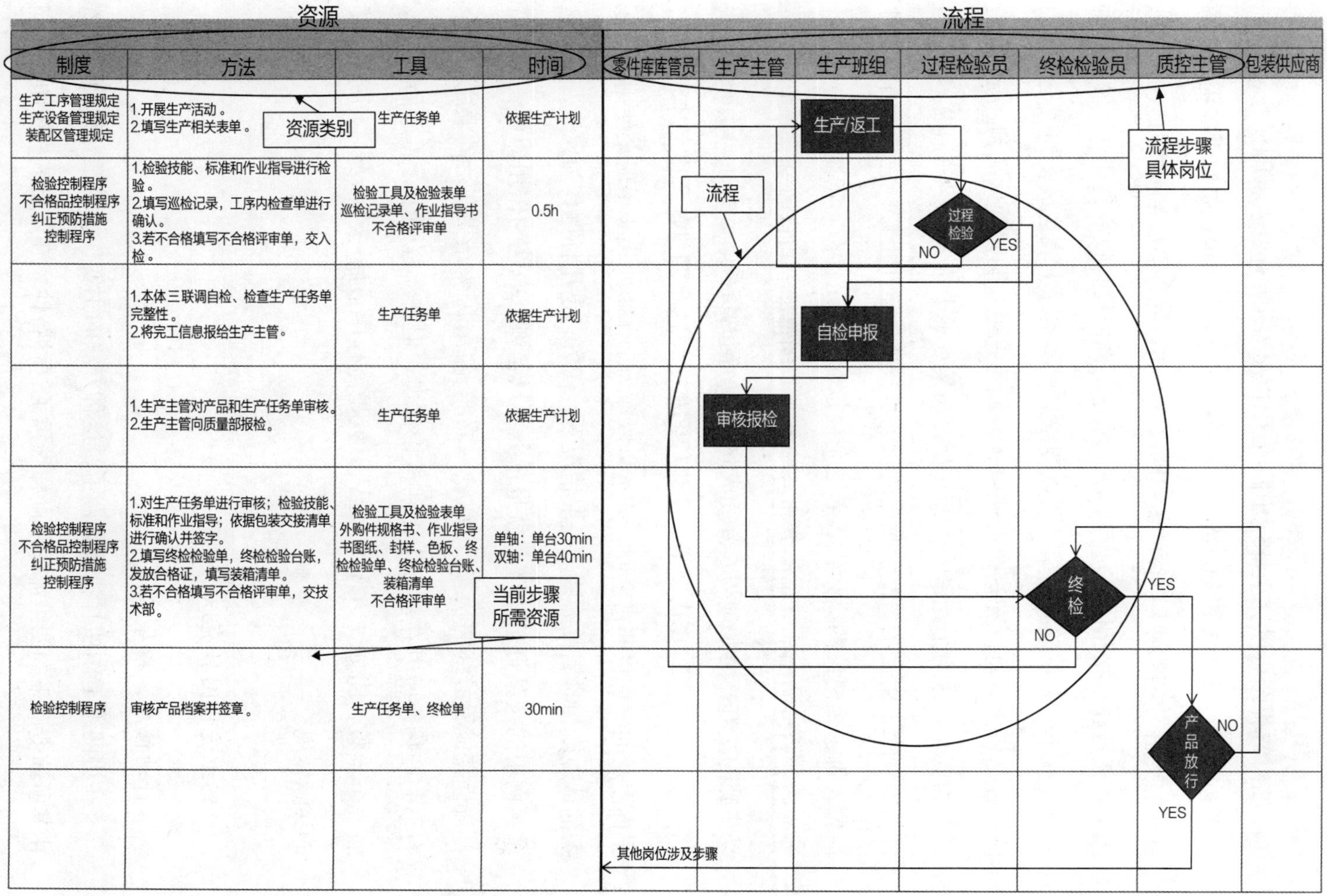
资源
流程
制度
方法
工具
时间
零件库库管员
生产主管
生产班组
过程检验员
终检检验员
质控主管
包装供应商
资源类别
流程步骤
具体岗位
流程
当前步骤
所需资源
生产工序管理规定
生产设备管理规定
装配区管理规定
1.开展生产活动。
2.填写生产相关表单。
生产任务单
依据生产计划
检验控制程序
不合格品控制程序
纠正预防措施
控制程序
1.检验技能、标准和作业指导进行检验。
2.填写巡检记录，工序内检查单进行确认。
3.若不合格填写不合格评审单，交入检。
检验工具及检验表单
巡检记录单、作业指导书
不合格评审单
0.5h
1.本体三联调自检、检查生产任务单完整性。
2.将完工信息报给生产主管。
生产任务单
依据生产计划
1.生产主管对产品和生产任务单审核。
2.生产主管向质量部报检。
生产任务单
依据生产计划
检验控制程序
不合格品控制程序
纠正预防措施
控制程序
1.对生产任务单进行审核；检验技能、标准和作业指导；依据包装交接清单进行确认并签字。
2.填写终检检验单，终检检验台账，发放合格证，填写装箱清单。
3.若不合格填写不合格评审单，交技术部。
检验工具及检验表单
外购件规格书、作业指导书图纸、封样、色板、终检检验单、终检检验台账、
装箱清单
不合格评审单
单轴：单台30min
双轴：单台40min
检验控制程序
审核产品档案并签章。
生产任务单、终检单
30min
生产/返工
过程检验
YES
NO
自检申报
审核报检
终检
YES
NO
产品放行
NO
YES
其他岗位涉及步骤

四维流程图可以完全体现出四维工作法中的所有要素，即任务、流程、资源和结果，只是其最大的特点在于对过程的重视，也就是对于流程和资源部分的突出，它区别于以往的流程图画法，在过程方面尽量追求细致的描述。因为与任务和结果相比，过程的缺失才是工作中最为致命的部分，没有正确的过程就不会有正确的结果。所以四维流程图实际上表达最多的就是工作中的流程与资源信息。在这个案例中，我们首先可以明确地体会到“流程+资源”的概念。这两个元素的内容并存，却又互不干扰，且相辅相成。在右边部分中，除了用线条与框框画出的行动步骤外，还在上方标注了执行的具体岗位，每一个岗位的纵列代表着这个岗位的步骤是什么，清晰明确。其次，在左边，将资源中的几项内容也分别做了归纳整理。可以看到，在每一个行动步骤的左方，清楚地写着要完成此步骤所需的资源，起到了真正的注释作用。如此一来，与我认为错误的流程图相比，这个四维流程图就丰满得多，里面涉及的信息也非常全面，完全可以作为工作中的指导手册来使用。而任务的体现就相对简单一些。一般情况下，任务只是用标题作为代表，比如这个案例中的“某订单生产”就是任务，只起到方向性的作用即可。结果就是流程完成后最终的状态，即“入库的产品”。因为结果在行动顺序中是个有形的产物，所以在流程上无法直接体现。但在流程图中，可以涵盖进最后一个步骤，比如“入库的产品”，就是流程中最后一个步骤“产品入库”的实际体现。

四维流程图具有以下优势

行动信息，指导工作

在讲四维工作法时我就强调了，这种方法的主要作用是指导行动，那么由其所演变而来的四维流程图同样继承了这种特性。在四维流程图中，我们可以看到流程中所有的步骤都是动作，也就是在告诉你“该做什么”；而完成这些动作的方法、工具等信息，都在资源类中进行了说明，则是表达了“如何去做”的意思。所有这些信息就为步骤的完成提供了必备的条件。当一个人拥有了这些必备的条件后，就相当于有了工作中的“公式”，那么完成工作也就顺理成章了。

真实信息，有理有据

一个信息全面的流程图一定是可以反映出真实工作情况的，即工作是如何进行的，流程图就是如何画出来的。在日常工作当中经常出现的协作沟通错误的一个原因，就是忽略了很多关键信息。就像培训行业内所说的漏斗理论，想的和说的之间是有信息遗漏的。俗话说，好脑筋比不过烂笔头，如果能将真实的工作直接写进流程图中，那么就省去了这种信息遗漏的风险。虽然开始阶段可能会较为烦琐，但却真实掌握了实际的情况。在上面这个案例中，节选的这段流程里的所有信息都能在流程图中找到，完成每个步骤的关键信息都没有遗漏，是以100%的状态呈现了真实的工作，这就大大减少了工作中的失误和沟通中的偏差。

统一共识，避免纠纷

通常情况下，一个工作流程要跨越多个部门或者岗位，某一个岗位的工作也仅为个别的步骤，而步骤之间的衔接是经常困扰所有人的一个问题。四维流程图是信息全面且真实可靠的，它的表现方式也是图形加文字的形式，便于查看，可以让大家对特定的工作流程有统一的共识。在工作中出现各类流程纠纷的原因是每个人说的都不一样，说的不一样的原因是做的不一样，所以要统一所有人的共识，必然要先将所有人的行动达成共识。四维流程图的作用是指导行动而非指导思想，所以就成了达成行动共识最好的工具。在案例中，因为流程所经过的每个步骤的工作都反映在流程图中，所以就把单独岗位上最真实的行动放在了明面上。当他的工作可以被其他人了解，那么也就消除了彼此之间的盲区，可以强制性、无死角地达成共识。

暴露问题，便于改善

从一个信息全面且真实的流程图上我们可以很容易发现这个工作流程中的错误，这就为日后的改善提供了扎实的基础条件。在一个四维流程图中，我们可以直观地看到岗位、步骤、资源之间的关系，它们的排列组合方式与真实的行动信息，如果流程中出现了问题，那么几乎可以一眼看出问题所在，省去了长时间的排查与解决互相推诿的烦恼，直指核心去解决问题。在问题解决后的改善环节中，可以将改善的地方直接修改在流程图中，也就是将改善直接落实于行动层面，省去了繁文缛节，直接作用到具体的实际工作中。假设在案例中某一个步骤是有问题的，那么马上可以在流程图中发现，无论是上级领导还是上下游的同事，都能准确地指出相关的问题。而在问题的改善中也能减少“试错”的次数，毕竟当确认上下游某一个步骤是正确的前提下，是可以很快地推理出正确的工作内容的。

可传承性

一个可视化的工作要比一个靠口口相传的工作更易于传承，这点就像一个文明有了文字，那么它的历史就可以被记录一样。工作的可传承性一直是所有企业的一个隐性的痛点，大部分管理者在面对诸如员工的离职、调岗等情况时都很难有一个好办法来保持原有工作的稳定性，这其中不仅是工作交接上的方式方法问题，更为重要的是没有一个可靠的工具。四维流程图是一个可视化的流程图，图中的信息量庞大且真实，特别是关于流程部分的描述，能够体现工作的全部细节，这就使特定的工作在不同人之间的交接上可以做到最大限度地降低信息遗漏的概率，具备可传承的特性。就拿这个案例来说，无论执行的员工换了几个人，流程步骤的工作内容是没有改变的，新人在接触工作时不需要再进行一次摸索，而是直接有标准可依，个人工作能力的强弱对工作影响较小，也就实现了岗位工作可传承的目标。

四维流程图的制作方法

四维流程图虽然使用起来非常简单，但它的制作过程却不简单，这一点绝对出乎大多数人的意料。制作四维流程图的禁忌是不能一个人关在办公室里自己画图。我曾经为不同的企业制作过超百份的流程图，可以说每份流程图都是从“硝烟”中走出来的，原因就是制作中需要经过流程相关人员激烈的思想碰撞，但也正是因为这些碰撞，才有了满意的结果。所以制作四维流程图时，要区别于以往的经验，有计划、有步骤地执行，虽然会多花费一些时间，但可以保证较高的信息正确率。以下就将制图中的一些经验与各位读者分享。

1. 工具选取

对于工具，本人推荐Excel表格，市面上常见的流程图工具VISO仅能画出流程的上图中的右半边的流程部分，没有岗位的信息，更无法填补出资源部分，会造成内容缺失。就算是将资源部分强行加上，在视觉感官与维度区分上也容易造成混乱。另一方面，VISO软件的普及率不如Excel高，在工作中的信息传递上会增加困难度。综上两点，所以不做推荐。Excel作为Office软件中的一员，普及度极高，并且大众对于软件操作的熟练度也更高一些。更为重要的是，它可以在平面图中准确地将流程与资源做到平行匹配。

2. 流程图的制作——集中讨论阶段

（1）安排集体会议与情况说明

流程书写的过程其实就是一个共识的过程，所以需要将流程涉及的部门与岗位都集合到一起，全员参与流程图的制作。一般来说，一段流程图的节选范围是以一个部门为主体的工作作为划分标准，这样就可以在制作中以部门为单位进行讨论，减少制作过程中的不确定因素，这就需要确定好所有人的时间，安排一次全员在场的会议。在会议开始前，作为管理者要向所有人说明会议的目的、议程和规则等信息，引起大家对流程图制作的重视。

（2）先写任务

写任务并不是一件难事，但也有它自己的格式要求。一般来讲，每个流程会被设置成一个单独的文件，那么将任务作为文件命名即可，比如“订单生产”或是“大客户销售”就可以作为任务，因为它们所表达的意思就是“订单生产流程”或“大客户销售流程”。如果一个流程体量较大，则会分成若干文件，这就需要将一个大任务分解为较小单元的任务，比如“订单生产流程”可以分为“产品信息确认流程”“样品制作流程”等。

（3）画出流程图的基础格式

制作流程图之前，需将流程图的基础格式画好，并把“岗位1”下方的单元格进行冻结（方法为：①选择单元格；②点击“视图——冻结窗口——冻结拆分窗格”），以便书写时方便移动与比较。以下为基础格式展示：

A	B	C	D	E	F	G	H
资源				流程			
制度	方法	工具	时间	岗位1	岗位2	岗位3	岗位4
				冻结此单元格			

（4）预设流程图的起点及终点

每个流程都有一个起点及终点，制作流程图之前要先将这两点思考明确。它们都仅仅是某个岗位的行为动作，预设的目的是限定流程图的范围。并且，当流程图越来越多时，会涉及之间的衔接问题，即某一个流程的起点可能是另一个流程的终点，所以清晰的节点能够避免在日后的整理中出现混乱。

（5）编制流程

① 全员参与：在流程的制作过程中，鼓励所有人积极发言，虽然会充斥着激烈的争论，但这种争论其实是必需的，因为这是一个共识的过程，是将每个岗位的“步骤”一步步地进行比对，推敲出最合理的流程，最终制成最为正确的流程图。当流程图制作完毕并正式运行后，所有人也就能够体会到共识的力量。此外，一定要认识到流程图的制作不是一个简单工作，也不会存在“半个小时”就能讨论清楚的情况，最好能有一整块时间去做梳理工作，并且要设置一个独立于流程所涉及的岗位人员之外的裁判，可以起到调停争端、控制节奏、舒缓气氛等作用。

② 标示岗位：在Excel表中的基础格式上标示出清晰的岗位，替换原有的“岗位1、岗位2、岗位3”等信息。因为流程可能涉及的部门会很多，如果流程中出现了其他部门的岗位，也要一并标注，但流程图中其他部门岗位的步骤可以简写，只要明确和本部门岗位的衔接步骤即可。

③ 梳理流程步骤：在岗位罗列完毕后，就可以从预设的起点开始梳理流程了。在梳理流程步骤时要一个接一个地进行，禁止“跳步”的情况出现。如果在某一个步骤上有分歧，就要暂停并讨论清楚，确认步骤无误后再写入流程图中。

④ 编制流程中需注意的事项：

a. 流程中的步骤是动作。这一点一定要再明确一次，流程是行为动作的连续表达方式。就像上文提到的流程图的反例一样，大部分人都把任务错认为步骤，一定要在制作中避免这种情况发生。任务与动作的区分并不算太难，但在“轻视流程”的惯性思维驱动下，使得状况频发，这就需要参与讨论的人员与裁判有清晰的认识，如果出现问题要马上停止，讨论清楚后再继续。这里就用到了之前讲过的办法，即用可以确定到岗位的“动宾短语”或“主谓短语”来写流程，比如编制生产计划、入厂检验、审核订单等。这些动作可以明确地指出是哪一岗位的工作。

这一点在领导干部的工作中体现得尤为重要。很多企业的管理者都没有认识到流程的重要性，经常挂在嘴边的就是“只要结果，不问过程”，但正确的做事方式不仅需要有正确的结果，还要有正确的过程，否则员工为了结果，会做出令人难以预料的事情。真正的领导是需要了解过程的，并要熟知所有细节，这样才能做到胸有成竹、游刃有余。绝大部分企业不同于政府机构，并不需要过多的“政策型”领导，而是需要业务熟练的“业务型”干部。好的结果绝对是由管理者设计出来的，基层员工做的只是执行层面的工作，如果让员工自己去做过程的设计，那就抢了领导的饭碗了。所以好的领导干部永远都是在指导员工的行动，而非指导他们的思想，而指导行动的前提，就是要有明确的流程步骤。

b. 防止资源绑架流程。编制流程步骤的过程中，不要先去考虑资源的问题，只关心步骤的合理进行。在书写步骤的过程中经常会出现因资源的不适而改变流程的情况，其实这是一种典型的错误。如前文提到的，资源部分正是员工工作的价值体现，如果并非不切实际的过程设置，那么员工应有义务和能力去完成所应对的步骤，这也是在画流程图中先做流程，后补资源的一个考虑因素。

c. 书写格式。步骤的书写格式按照流程制作的标准即可，但要注意每一个步骤之间不能平行放置，这样既能方便步骤之间的连线，也为后续补充资源创造便利。

3. 流程图的制作——资源汇总阶段

（1）补充资源

流程步骤梳理完毕后，就要进行资源的填写工作，并且这项工作只需由个人完成即可。因为流程中的步骤已然确定，且个人工作的内容并非全员都了解，所以个人制作的效率会更高。

资源的种类已经分为了制度、方法、工具与时间，只需要将步骤所对应的这几种资源平行地填入表格中即可。[①]填写的方式可以是直接打字填写，若文字较多，或有其他格式的文件，则需要将文件以“对象”的形式插入表格中。通过这种方式，将写入的资源与所对应的步骤实现平行对接，无论是在感官上还是在实际工作中，使用起来都非常方便。资源与步骤的平行摆放是我个人看来最为科学的一种方式，例如公司的制度文件，企业都希望员工熟读并照章执行，但员工在实际行事中往往事与愿违。并非员工不想按章办事，而是在工作中没有将制度的内容与具体事务进行有效连接。在四维流程图的画法中，步骤与资源是平行连接，人为地促成了“条件反射”的效果，这样就可以有效地规范步骤中的执行动作。

（2）资源整合

所有人都完成资源内容的编写之后，再由管理者统一将资源整合至流程图中，这样，一份完整的四维流程图便初步制作完成了。

（3）流程图的检查

流程图中的资源添加完毕后，管理者要对其内容进行一次检查。因为最了解下属工作的人必然是其直属的管理者，所以对于刚刚整合好的流程要由其亲自进行第一次的确认，找出明显的错误并监督改正。这样做的目的是再次加深上下级之间的工作共识，也便于让管理者掌握真实的工作情况。

① 通用资源问题：在“方法”一项的填写中有一个要注意的地方，那就是根据岗位特性，避免加入个人的能力特长或经验。在实际工作中，并非所有情况都是“踩在巨人的肩膀上”前进，比如“销售话术”“谈判技巧”等，会因为员工个人的工作习惯、性格特点等有不同的方法，就算是强制别人去执行所谓的“好方法”也不会有预期的效果。所以此类工作的岗位在填写方法中要注意这点，考虑到人与人能力上的不同，只写出通用部分即可。

（4）流程图的确认与公布

在管理者基本确认无误的情况下，就可以召集参与流程的所有岗位人员进行一次“终审”了。此次的确认内容更多地在于资源类别中的项目，特别是需要对流程中所传递的各类表单、物品等内容进行确认，确保与实际情况一致。在完成确认工作后，流程图就可以正式运用于工作当中了。

四维流程图的使用与改善

1. 四维流程图的使用

建议在完成四维流程图的制作后，将流程的部分进行打印，张贴至办公室内的墙壁上，放在所有人都能看到的地方。这样做的目的，是让员工可以在工作时也尽量利用流程图中的内容进行沟通，比如说现在进行到哪一个步骤，等等。它的好处是，可以充分利用流程图的优势，在一个共识的氛围内去执行工作，将流程中的所有岗位调整到一个统一层面上来。

2. 流程负责人

制作完每个流程图后，都要为此流程选定一位流程负责人，他的职责是监督、规范流程的正常运行。就像运行中的机器需要维护与检修一样，流程也需要检查，检查的内容不光是各岗位的员工是否按照流程图工作，对于流程本身的合理性也要有一定的判断。当流程出现问题时，流程负责人负责上报或召集人员开会讨论解决方案。

3. 整体改善

此处的整体改善是指流程本身发生的改善。流程运行一段时间后，可能会碰到“升级”或“变更”等情况，这就需要改变流程本身。流程的修改也有它自己的规律，我称之为“四维联动规律”，这个规律即是按照四维工作法中的行动顺序进行流程修改。比如当任务发生了改变，则流程、资源和结果也会发生改变；如果任务不变，只改变了流程，则资源和结果会产生变化。

这就像过节时的舞龙活动，龙头动，则龙身龙尾都在动；龙身动，则龙头不动龙尾动。

4. 个人改善

个人改善则要缩小许多范围，只要记住“四要一不要”即可。“四要”是指流程中的步骤，与资源中的制度、工具与时间，这四个项目的修改要上报主管领导审批，因为这四点的修改会产生连带反应，流程中其他步骤及资源项目会受到影响，这就需要流程的主管负责人知悉并由他做出判断。改善资源的方法则不需要进行汇报，只需要根据个人工作的水平进行更改即可，但要注意，人与人之间是存在差异性的，方法虽可借鉴，但切忌生搬硬套。

5. 个人改善中领导的监督与克制

个人改善工作方法既然不需要上报主管领导，那就需要领导在日常工作检查中有所关注，及时进行监督与帮助指导，但这种帮助和指导应有一定的界限。在补充资源的部分中提到过应设置“通用资源”，因人与人之间能力的差异性，在很多工作中不能让统一的工作方法适用于所有人。这个世界承认人与人之间的人格平等，但也承认能力的不平等，就好比一个普通的工薪阶层和一个富翁一起去超市买东西，虽然购买物品的价值不同，但在结账排队时却要遵守“先来后到”的统一规则。一名员工的能力上限是主管领导应当密切关注的焦点之一，但关注的方式并不是揠苗助长，而应是以纠偏为主。在为所有下属员工打好“地基”之后，他们究竟能盖起“二层小楼”还是“摩天大厦”，就要看他们自己的工作能力了。

6. 养成思维习惯

在个人的工作领域中除了主线的工作流程之外，可能不会将所有工作都事无巨细地制作成四维流程图，这就需要个人养成四维工作法式的思维习惯，通过快速的梳理，就可以短时间内在头脑中画出一个针对此项工作的四维流程图，对事情有清晰的认识，帮助自己进行全面分析和行动指导。这种好习惯对于日常生活也十分有帮助，比如要去某地出差或旅游，在整理随身携带物品时，只要一边想象着旅行的流程步骤，一边整理物品即可，因为要带的物品不过是资源中的工具而已。如果没有这种流程化的思考方式，那么整理物品多数是以“点”的形式存在，身份证、机票、剃须刀等物品，想起哪个带哪个，除非是已对旅行习以为常的人，否则很容易丢三落四。养成习惯后，整个思维过程并不会表现在明面上，而所有的行动却是恰到好处。久而久之，个人的工作能力便会显著提升。所以说，熟练地运用四维工作法和四维流程图，是提升个人能力最有效的方法之一，这一点同时也是企业应重点培训的地方。

五、设定结果与思维顺序的展开

四维工作法是一个旨在指导行动的工作方法论，关注的首要重点在过程，所以之前的文章一直在解释它对于过程的帮助，也就是更加偏向行动顺序的讲解，可是不能忘记在四维工作法中还有思维顺序的存在。

在讲解四维工作法中我就说过，它自身其实是包含了两种顺序，一种是行动顺序，一种是思维顺序。虽然等式只有一个，但这两种顺序中各环节的先后顺序是不同的。在行动顺序中，流程是排在第二位的，而在思维顺序中，则是结果排在第二位。这个区别就代表了结果在等式中的重要程度一点不亚于流程本身。在结果设定不明确的情况下，四维工作法中的思维顺序就无法顺利展开，也就谈不上之后的行动顺序了，所以想熟练地运用四维工作法及四维流程图，就要先能准确地设定出结果。结果不同于任务，这是我在之前的文章中就说明的一点，因为任务本身并没有太多的属性，而结果却是一个可以衡量的产物。在行动顺序中，我们重视流程，因为流程是产生结果的必经之路，但在思维顺序中，我们却要先想清楚结果，再去梳理流程，这就要求结果设定的准确性。这里，如果是类似销售或生产类型工作的结果还好说，毕竟有可量化的指标，可如果碰到不能量化的结果，那么在制定目标的时候，就容易出现设定结果不准确的情况。

结果设定中的常见思维误区

在工作中，经常听到“结果第一、结果先行”等口号，依照目标管理的相关理论，当明确结果之后，工作的路径与标准即随之清晰起来，这些都足以证明结果在工作中的重要程度。但在日常工作中，找到一件工作的明确结果或目标并不是一件简单的事情，很多时候都因为找错了结果，让自己的工作变得困难重重。下面我就列举一个很简单但又很典型的“猴子管理法则”[①]中的案例，来分析一下当中的思维误区。

话说张老板的公司因为经营得当，扩充了经营面积，其中一间办公室作为会议室，又因会议需要使用投影仪，便叫小王采购一台。小王是个聪明的员工，知道要先问清楚目标，便问老板想要买个什么样的投影仪？大致预算是多少？张老板被这么一问，一时半会儿也答不上来，便让小王先回去，等自己上网查找后再告诉他。待机器型号与价格查清楚后，又叫了小王过来，告诉他要买什么样的机器。小王接到任务后，马上动身去市场买了回来，任务完成，小王觉得工作很充实，很有价值。

这个案例中我们不讨论“猴子”跳来跳去的对错问题，而是往下深挖一步，分析下小王为什么没有意识到“猴子”从自己的身上跳开。我认为这并不是简单的懒惰或意识问题，而是一种能力问题。在这个案例中，当小王听到老板的指令后，马上将任务“买个投影仪”翻译成了结果，可他翻译的结果却是“我去买投影仪”。这句话看似没有什么问题，大多数人也会这么想，但问题确实出在这里，因为“我去买投影仪”也仅仅是个任务，那结果是什么呢？很多人会说是“我去买个××型号的投影仪”，关键是“××型号”自己也不知道，要想知道也是无从下手，并且要买这个东西的并不是自己，不可能知道对方的想法，所以最好的方式还是去问老板。在我看来，这是在错误的道路上越走越远，从“我去买投影仪”开始就设置错了结果，再继续思考已经没有了意义。

---

① 猴子管理法则：由威廉姆·翁肯三世（William Oncken Ⅲ）发明的一个有趣的理论。他所谓的“猴子”，是指“下一个动作”，也就是工作内容。猴子管理法则的目的在于帮助经理人确定由适当人选在适当的时间，用正确的方法做正确的事。身为经理人要能够让员工去抚养自己的“猴子”，让经理人有足够的时间去做规划、协调、创新等重要工作。

在这个案例中，结果设定的错误在于把任务当作了结果，这是在不能用量化指标衡量结果时经常会犯的错误。结果的特性是可衡量、可交换、有价值，仅仅是“我去买投影仪”是无法衡量的，也没有什么价值，因为有价值的工作都被老板做了（找出具体的投影仪型号），所以这并不能当作结果。那什么才是真正的结果呢？其实对于结果而言，关键点在于，先定义出客户是谁，如果把“我去买投影仪”当作了结果，那么客户就变成了张老板，整个结果也就是“张老板让我去买投影仪”。但我们知道，这只是个任务，所以在客户不清的情况下，通常设定的结果也是错误的，这就是在结果设定中经常出现的思维误区。

正确地设定结果：语素法

1. 正确设定结果的逻辑关系

我们接着用上面的案例来说明，设定一个正确的结果需要先找出正确的客户。在这个案例中，很多人都会认为客户就是张老板，可最后发现，如果以他为客户来设定结果，只能得到一个任务，所以这个客户是错的。可能有人会提问，难道这不是老板让你去买的吗？为什么老板不是客户？这里就涉及一个问题，究竟谁是直接客户，谁是间接客户。就好比你是一名销售人员，当产品出了问题，客户找上门来的时候，你所要做的就是解决顾客的问题，而不是一味地强调这个产品没有问题，推卸责任。当推卸责任的时候，你以为是维护了自己的老板，其实大错特错。老板在这里只是你的间接客户，直接客户仍然是顾客，如果是老板自己来卖，那么他也要服务于直接客户。所以说服务好直接客户也就是在服务间接客户，当直接客户与间接客户有冲突的时候，以直接客户为准。想明白了这点，我们再来分析一下案例中的客户问题。

投影仪是办公会议用的产品，它的作用是让开会的每个人都能看清楚所投放的影像信息。如果按照错误的思维来看，那么来办公室参加会议的每个人就成了客户。可小王在购买投影仪的时候不可能全都问到他们的需求，显然把参会的人当作直接客户是不对的。所以这些人都只能是作为间接客户而存在。既然他们是间接客户，那我们就顺藤摸瓜找到直接客户。首先这些人是来参加会议的，他们所在的地方是个会议室，这个会议室能够区别于其他的办公室的地方就是房间的功能用途不同。因为用途不同，所以办公设备也会不同，这当中就包含了投影仪。所以购买投影仪的目的是让一个房间变成会议室，也就是说，这间办公室才是它的直接客户。说到这里，要先明确一个事实，客户不一定要是“人”，不能因为办公室不能开口说话就不把它当作客户。在搞明白客户是谁之后，这个任务的结果也就简单明了了，那就是：办公室需要投影仪。有了这个正确的结果当作目标，小王的工作也就有了具体的着力点，由此出发去开展工作，不用再去猜想老板头脑中的意图，那么也就避免了“猴子”跳来跳去的问题。

2. 语素法

虽然说用以上方法可以找到正确的客户，但单纯的逻辑推理对有些人来说还是较为困难的。这里，我推荐一个更为简单的方法：语素法。所谓语素法，就是通过主、谓、宾这些语言要素来直接推导出结果。如果能用主谓宾组成一句最简单的话，并且语句通顺，意思完整，那么就可以判定这个结果是正确的。这些都是小学的知识，理解起来并不难，而且可以大大提高寻找的效率。在这个案例中，我们可以直接把一些关键词填入这些语素中，组成一句话，来判断结果的正确与否。

项目	主语	谓语	宾语
错误目标	我	买	投影仪
原点目标	办公室	需要	投影仪

在语素法中，首先要明确的一个原则是：主语不能是“我”，这一点非常关键。如果主语是我，那么这个结果判断基本上就是错的。经常听长辈们说，人要想做对事情，必须得把自己给“忘”了，也就是“无我”。什么才是“无我”？分析到这里便一目了然了，只要结果中的主语不是“我”，那在做事时就能体现“无我”。一个正确的结果不应该因个人因素（情绪、喜好等）的影响出现偏差，一个正确的结果带给人的感觉是：事情是需要这么来做的，只不过恰巧由“我”来完成而已，如果是别人也可以完成。这样想以后，也就不存在情绪化的问题了。可能有些人会说，那“吃饱饭”这个结果的客户难道不是“我”吗？我的回答是，这个结果的客户也确实不是“我”，而是“我”的胃，“我”依然是个间接客户。虽然有些咬文嚼字，但逻辑是对的，而且在日常工作当中，以“我的胃”作为直接客户的情况少之又少，所以基本上可以确定，作为主语的客户肯定不能是“我”。

在这个案例中，根据语素法的第一原则，我们可以首先排除掉“我”作为主语，所以“我买投影仪”一定是错的。再根据之前讲过的直接客户与间接客户的问题，排除掉参会者，那么作为主语的选项就只剩下办公室这一个了。语素法就是一个强制地推导正确结果的工具，它可以第一时间判断结果的正确与否，并根据其中的原则与既定事实来推导出正确的结果，既简单又好用，并且可以为后续的思维顺序的展开提供方法上的支持。

思维顺序的展开

1. 思维顺序的展开

在结果确定之后，思维顺序就可以顺利地展开。在思维顺序中，我们要做的是计划出行动顺序所需的各种行动步骤以及资源，并且这些信息依然是从结果中得到的。我刚刚所说的判定结果的语素法，在思维顺序的展开中同样起到了非常关键的作用。在判定结果时，我们只用“主谓宾”即可，但要得到具体的过程，就需要加上一些类似于“定状补”的补充条件了。也就是说，思维顺序展开的前提是需要一个完整的结果表达。我们还是用上一个案例来进行说明，在原有正确的目标基础上，加上一些补充条件，就变成了一个完整的目标：

项目	补充条件	主语	补充条件	谓语	补充条件	宾语
错误目标	—	我	—	买	—	投影仪
原点目标	—	办公室	—	需要	—	投影仪
完整目标	40 平方米	办公室	急迫	需要	从市场买 一台 价格在 ×× ×× 亮度 适合开会 质量好	投影仪
规则	其次明确	首先明确	其次明确	首先明确	其次明确	首先明确

在这个案例中，最难得到的数据是价格。其实我们是可以通过这些补充的条件自己判断出来的。比如在实际情况中，影响价格最重要的因素其实是投影仪的流明度，也就是所谓的清晰度和亮度。这在一个错误的目标里是找不到任何有用的信息的，但在正确的目标里，我们是可以马上判断出来的。比如这个办公室是40平方米，那我只要寻找出适合40平方米使用的流明度数据是多少，基本上就能确定价格了。这种数据的分析就要比误打误撞强得多，在得到确切条件后，就能够有多种方法来得到答案了。可以打电话咨询专业人士，也可以上网去搜索下，或者是询问下朋友，他们公司使用的投影仪的型号及其使用效果，马上就能做出一个合理判断。当我们把结果做完整体的补充和分析后，突然发现其实答案就在这些补充条件中，只要自己做个小小

的加工，马上就能知道结果。凡事有果必有因，线索其实就是在这些不经意间遗漏掉的，重视一下就能大有发现。当别人还在纳闷怎么做的时候，你已经做出来了，这时候你就已经成了他们眼中的福尔摩斯。

通过这个完整的目标，就能让过程逐渐清晰起来。所以过程就存在于补充条件，能把这句话的各类相关条件补充得越全，过程就越清晰，做起事来也就越快捷。那么接下来的事情就是要动手按照四维流程图的方式，画出具体的执行步骤和资源，进行书面计划了。只是这个案例中的工作比较简单，所以直接在头脑中勾勒出流程就可以：先确定购买的机型，和老板沟通确认一下，然后填写备用金申请单，写清楚后找老板签字，拿到财务去换钱，再跑去市场，找家店铺买东西，最后拿好东西和发票，回公司安装调试即可。

2. 给职场新手的一些建议

如果是一名职场上的新手，在完成以上案例的工作中，可能还需要一些补充说明。这些说明虽然对于职场老手来说不值一提，但我觉得还是有必要进行一下说明：一是为了整个案例的完整性，将一些工作中容易混淆的细节加以说明；二是这些说明也可以填充管理者的素材库，为工作培训提供一些帮助。

（1）结果的对错让客户去判断

当完成思维顺序的展开后，也就是计划完成后，就可以找老板进行沟通确认了。只是这个确认是需要带着答案的。就这个案例来说，基本上就可以分析出以下4个要点：

① 买一台口碑好的投影仪。

② 亮度足以供40平方米办公室使用。

③ 同类比较价格最便宜的。

④ 这些工作在2小时内做完。

这都是很好的推理结果，但如果拿这些问题去问老板还不够，这里需要的是给他一个看得见摸得着的答案。比如（假设）：

① 买一台索尼牌的投影仪，售后有保障。

② 流明度为2500，够办公室用的了。

③ ××型号的机器，价格为3000元。

④ 去科技市场购买，坐公交来回路程2小时。

这些具体东西在老板的头脑里就比较形象化了，他能马上反应出“是”或者“否”。在正常的工作当中，也只有这些具体的信息才是真正有价值的部分。结合之前所说的语素法，价值点的高低如下图所示：

项目	补充条件	主语	补充条件	谓语	补充条件	宾语
错误目标	—	我	—	买	—	投影仪
原点目标	—	办公室	—	需要	—	投影仪
完整目标	40 平方米	办公室	急迫	需要	从市场买一台 价格在×× ×× 亮度 适合开会 质量好	投影仪
价值判断	价值低	价值高	价值高	价值低	价值高	价值低

（2）结果修正与二次确认

从计划转变到行动的过程，基本上不会出现100%完全匹配的情况，所以在实际工作的时候经常会有修正。比如去买这台投影仪的时候，就发现了这么一个问题，这种型号的产品有黑色和白色两款，不知道该买哪个。其实答案也很简单，只要按照上述所说的过程，放到补充条件里，然后再去和老板确认一次即可。

六、关于四维工作法的一些拓展思考

这一章的内容主要是讲四维工作法及其各项应用，在掌握了这些内容后，我们对于工作就能实现全方位的把控。但这些只是在于执行层面上，四维工作法强大的地方更在于可以通过行为改善我们错误的工作逻辑，将其融进我们的血液，使它变成日常工作的一种思考方式，无论是对于工作的考量，还是对于结果的认知，都能上升到一个新的高度。以下就是在平时工作中对于四维工作法的一些拓展思考，在此分享给诸位读者。

四维工作法在不同层级的应用

根据岗位所属层级的不同，四维工作法有着各自的应用范围，我们不能要求所有人都能像企业老板一样去看待所有的问题，而且这也不现实。一个人的工作能力与视界的高低取决于他对工作所掌控的范围，所以在四维工作法的使用中，也不能做“一刀切”的硬性要求，需要根据个人的能力与所属层级进行渐进式的要求。以下就是我个人根据实践及经验做出的区分标准：

职场新人：

结果（认清即可/询问）=任务（派遣/询问）+流程（给予/询问）+资源（给予/询问）

基层员工：

结果（要求/询问）=任务（派遣/询问）+流程（给予/询问）+资源（给予/询问）

基层干部/骨干：

结果（假设/要求）=任务（派遣/询问）+流程（摸索及少量给予/询问）+

资源（创造及少量给予/询问）

中层干部：

结果（假设）=任务（派遣/询问）+流程（摸索）+资源（创造）

高层干部：

结果（假设）=任务（发现）+流程（摸索）+资源（创造）

从这个区分标准可以发现，越是高级的管理者，就越应该熟知工作的整体情况。并且他们所面对的工作，应该多是一些开创性的内容，而低阶员工的工作，则多为有模板性的常规工作，且需要在工作中得到上级的指导。四维工作法中的每个要素的要求，对于所有人的要求不同，这也是我个人认为的各级别人员的主要区别，如果某一个高级管理者仍然在做着低阶员工的工作，那企业就要重新考虑对其定位是否准确。当然，这里要着重说明的一点是，以上应用范围的区分应注意是岗位与多数工作匹配的状态，即某个岗位的大多数工作所呈现出的状态。如果一名基层员工做了一个属于中高层干部应用范畴的工作，那也只能证明这名员工有着当一名中高层干部的潜质，并不能认定他现在就可以胜任。反之推论，如果一个人的大部分工作属于某一应用范畴，那么基本就可以确认他的所属层级了。

注意对话中的中文表达陷阱

通过四维工作法，可以将结果变成更具实际指导意义的产物，把任务与结果区分得更为彻底，不使两者相互混淆，这对于工作的进行有着巨大的帮助。很多工作的无结果，是因为对于预设结果表达得不明确，所以也就不能对过程给出明确的指导，这在日常工作中较为常见。中文本身的语言表达方式就与西方的字母文字不同，虽然在文字的优美程度与情绪表达上更为丰富，但也使概念性词汇的使用频率较高，这在感官的接收上就容易造成任务与结果的混淆，如果不加以纠正，则会养成任务即结果的陋习。明确的结果使工作的目标感更为强烈，可以让人从理性的思维角度出发，剥除感性思维对思路的干扰，顺利进入“无我”状态，直指工作任务中的核心问题。所以我建议，对工作有一定追求的人要格外重视这一点，在日常的工作中就要多加练习，对一些类似于“我买投影仪”的词汇保持敏感性，培养自己在工作表达中的正确方式。

对于未知事物心存敬畏之心，并且拥有解决未知领域工作的能力

对待从未接触过的工作时，应该始终持有“流程是什么”的疑问，这就表示在工作中对于未知事物应该心存敬畏之心。我们在之前的文章中讲过“公式已知化”“过程简单化”和“等公式”等问题，这些都是工作中错误的反例，如果以这种心态对待未实际操作过的工作，那么工作失败的概率将是非常大的。无论是畏首畏尾还是夜郎自大，对于未知工作来说都不是一个好现象，原因就是对于新事物并没有一个清晰且全面的了解。对于细节的探究是四维工作法的特色。在工作中越是熟练地运用，对于流程的感觉也就越深。四维工作法将所有的过程以流程图的形式直观地展示在一个平面中，通过不同维度的描述，将过程拆解为可以执行的细分动作，这就使人可以直观地感受到它的任何细节，所以在面对未做过的事物时，也就不再惧怕或是冲动，等同于剥离开情绪干扰的因素，多加练习一定可以实现“心存敬畏之心”。而完成未知领域工作的能力，同样也是依此进行练习。探索未知需要的不仅仅是勇气，更要有理论的依据与完备的计划。所以以动作作为步骤的流程和经过细致拆分的资源，就像是为整个工作路径的两旁插满了路灯，照亮了通往结果的道路。找对路、插对灯就是这种能力的体现。这并不难理解和掌握，不需要超高的智商，只需要对流程和资源进行耐心的摸索和细心的寻找。

怎么才算是真正的落地

企业管理中的各种方法论无一不在头疼着“落地”的问题，其实在我看来，如果方法论是从“地”上而起，那也就无须谈论“落地”的问题。我们所学到的各种工作方法，其实都是对工作流程和资源起到促进作用，所以直接在流程步骤与资源上做文章，就是对于“落地”最好的诠释。我们赞美一个人的工作“接地气”，是因为他能够对现状做出实际的行动指导，所以一个人的工作能力主要表现在他对于流程的感知与描述上。因为日常对于流程的忽略，所以大部分的流程都只存在于脑海中，通过梳理流程完成对事物的发展模拟，可以判断出预设的过程与结果是否合理。四维工作法将流程单独体现并做了重点强调与说明，就把它从隐形的状态下重新拉回到了聚光灯下，这一行为让工作过程一下子变得可见且有实际的行动指导意义。所以说要想真正地实现“落地”，就要抓住流程这一特殊的要素，从这一关键点切入，让各种理论直接作用于工作流程。

拥有共识的意识，发挥共识的力量

所有企业管理者都十分想“统一员工思想”，让他们和企业步伐一致，但在路径选择上却有着很大问题。多数企业把开会、宣讲作为常规的办法，但最为有效的，是类似于《作业规范》的工作手册。规定一个人的思想是件很难完成的事情，但规范一个人的行为动作却有章可循，所以达成思想上的统一，要先完成行动上的共识。四维工作法的最大优势就是作为一种共识的工具，将工作的全貌进行了全面展示，让所有相关人员均可直接看到工作流程的来龙去脉，这种方式让所有参与者对工作均有了统一认知，这就使企业内部形成了有效共识。有共识的企业内部协作更为顺畅，可以持续降低浪费和无效的沟通，结果的价值也会逐渐加大。在这种工作环境下，员工也会认识到与人协作和沟通其实是一个“达成共识”的过程，最终认识到共识的真正价值所在。

人类天性的自然流露

在四维工作法的原理之上做一下深度思考，很容易就能发现，这不过就是人类的天性而已，就像婴儿饿了会哭一样，是种自然的表达。人们经常感慨一些学历不高的人能够干成一番大事业，他们靠的就是“结果明确，有细致过程动作指引”这种思考方式。在他们的思维模式中，没有“公式已知”或“公式简单化”的概念，所以一路走来靠的就是扎实落地且简单有效的执行策略。在当今社会中，各种知识与传统规则充斥着人们的大脑，天性被一层层地覆盖，所以现在要做的不是多学多看的加法，而是去除包装、重现自我的减法，让人类的这种天性得以充分地散发。

天性的散发源于内心的强大

天性的散发除了要有“大扫除”的外作用力，还要有人为的内在推动力作为主要推手。一个思维逻辑很强的人可以看到事物的真理，但真正驱使人沿着真理前行的则是内心的强大。内心强大似乎理解起来并不容易，但也有个简便的方法，就是把它看作对于真理的理解和服从。举个容易理解的例子，一个人失恋的时候可能会茶不思饭不想，哭红了眼睛也不睡觉。虽然身边的人都在劝解他/她，但就是不会照那样去做。我们都知道，按时吃饭、睡觉在生活中是真理，是绝对正确的事情，但失恋的人内心显然已经不那么强大了，所以就算道理都懂，也无法去执行。真正内心强大的人要做到两点：一是能够清楚地看到事物的真理本质，二是一往无前地照此执行，也就是我们常说的“知行合一”。还记得讲述结果中的“无我”吗？内心的强大就是在延续这种“无我”的执行状态，这种执行是最务实、最落地的体现，哪怕是错了，也不会因为个人情感因素作怪而拒绝承认。因为他知道，他的错误是因为理解错了做这件事的真理，道歉的对象只是某个真理，而不是对某个人，所以这并没有什么可羞愧的，很坦然地就能承认自己的失误。在工作当中，我就把流程看作真理一般的存在，因为真理所表达的意思就是该如何去做一件事，它是针对一个特定事物的行事准则，也就是种路径，它和工作中的流程有着异曲同工之妙，所以越是在工作中盯住流程本身，就越能锻炼出自己强大的内心。

但这里要着重说明的一点是，内心的强大并不能抬高一个人能力的上限，它只是决定着能力增长得快慢。因为能力水平的高低是由人自身的智商、天赋等因素决定的，但能力的提升则是因经验、知识积累等因素决定的。内心强大的人，不过是在遵循真理这条路上可以没有障碍地前行，这条路走得越快，那么知识、经验的增长也就越快，反之亦然。

企业平台的任务

一名员工在内心强大的时候可以发挥他的全部潜力，在自己能力提升的同时也给企业带来更大的效益，可以说是一种“双赢”的局面。员工的努力在个人层面上的确是以内心强大作为主因，但同时需要企业为其提供一个务实的环境作为更为强大的推动力，因为越是在务实的环境里，事物的真理就越易于展现和生存，员工就越能得到更快的发展。企业是个舞台，让有能力的人才在上面尽情舞蹈，让众多舞者充分展示才华，在博得场下喝彩的同时也使得这个舞台成为传奇。在一个务实的企业中，所有人重流程、讲事实，没有各种鸡血的注入与鸡汤的洗礼，人们紧张而有序，相互独立但又不失协作，可以让绝大多数人在“无我”的状态下发挥着自己的价值。所以在当下的企业发展中，打造务实的环境也就成为企业平台最重要的任务之一。

第三章　从流程的角度看企业经营

一、企业经营工作的逻辑推理

找到企业经营工作的着力点

在第二章的末尾，我们说到企业要有一个务实的经营环境，很多人可能认为这属于企业文化的范畴，这一点在我看来确实有相似之处，但也不是完全相同。因为它们从外表上来看都属于“氛围”一类的因素，但是切入点却完全不一样。如果单纯从企业文化的角度出发，那么切入点是在特定的某个人身上，比如我们都知道一家企业的企业文化更多的是受企业负责人的工作偏好、性格特点等因素影响。如果想改变现有的工作氛围，就要去“教导”企业负责人了，但这是件相当困难的事情，并且很难“落地”，失败的案例非常多。在我看来，如果企业要打造一个务实的经营环境，切入点就应该是经营本身。因为在大部分情况下，经营环境的好坏与经营结果的优劣有着直接的关系。说得直白一点儿，有点儿像俗话说的“一白遮百丑”。如果这家企业的业绩优秀，就说明企业的经营水平肯定不算差，也就代表了企业现在有着良好的经营环境。这种感觉就像是人们经常说的，想赚大钱一定不是一心想着挣钱，而是提供优质的服务与产品。务实的经营环境应该同样是企业自身经营良好带来的“额外回报”。

那么问题也接踵而来，企业到底该如何做好经营工作呢？其实这一点也是让很多管理者头疼的问题。毕竟不是每家公司能都长时间保持业绩优秀的状态，多多少少都会出现一些经营上的问题，但可能是因为“当局者迷”，所以每当出现问题时又会无从下手，然后就出现了“有病乱投医”的情况。比如生产出了问题就请“牛人”，市场出了问题就请咨询公司、做战略规划等，甚至还会出现责备员工不努力，埋怨竞争对手等荒唐现象。虽说每种方法都有它的作用，但做到最后，能够完全解决问题的却不是很多。因为企业经营中如果出现了问题，那么肯定不是一个单独的问题。这点我深有体会，因为在做企业管理咨询师期间，没有哪家企业的咨询工作是不需要追加项目的。从表面上看，问题可能只是销售业绩的下滑问题，但在咨询的过程中，就会发现导致业绩下滑的原因不光出在销售自身，还有生产质量和研发水平不高的问题。而导致这些问题发生的原因，又是公司骨干人才的流失，可以说是千疮百孔。想依照“头痛医头，脚痛医脚”的方式来解决经营上的问题，几乎是不可能实现的，所以想改善企业的经营现状，我们还需要另辟蹊径。

理解了四维工作法的思维模式，很容易就能发现“企业经营”一词是有些问题的。经营对象究竟是什么？经营只是一个动词，按照常理说应该加上一个名词，组成动宾短语，这样逻辑就通顺了。其实企业经营这个词也是个英语译词，叫作企业管理也可以，只是用“经营”一词更能表达出动态的效果。从这一点来看，从现有的理论中很难得到完美的答案，所以若想真正搞明白这个问题，还需要从头一步一步地推理。

首先可以肯定的是，企业经营的最终目的是让企业的经营状态良好，实现利润更大化，这个结论是毋庸置疑的。又已知企业的利润是通过企业所创造的产品与服务实现的，所以企业经营的目的可以直接等价于使企业创造出更好的产品与服务。但最终的产品与服务仅仅是个结果，并不能直接当作一个着力点，所以要得到答案，还需要再往下思考一步。在四维工作法中，我们得知结果只是行动顺序的最后一位，所以之前肯定是要有过程的。如果从产品的角度平行观察，这一过程就是由研发、生产、销售和售后等各模块组成的，它们是企业产品价值的实现过程，所以这个过程也被称作“产品价值链”。但是模块的范围较大，依然不可以作为着力点，所以要想找到答案，还需要再向前一步。如果将这条“产品价值链”进行细分，就可以找到像四维流程图中的一个个步骤动作和与其相匹配的资源，这些步骤和资源的集合也就成为真实的经营过程，所以真正的着力点其实就在经营过程当中，也就是经营流程本身以及所涉及的岗位工作（岗位工作是资源的体现方式）。

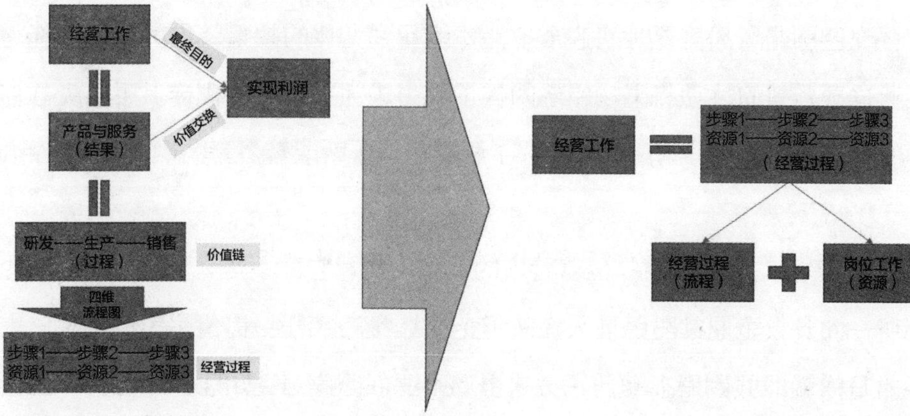

说到这里，我们会发现这和传统意义上的经营工作非常相似，同样是在改善岗位工作的内容，但还是有着很明显的差别。以往“头痛医头”的方式仅仅是在忽略了流程的前提下进行的一种做法，不能说错，但不全面，所以才会出现不能完全解决问题的现象。当经营只是强调岗位工作中的问题，着重于工作方法的完善而忽略了流程，则它的对错就缺少了一项重要的推断依据，所以这两点缺一不可。真正的经营工作一定是从流程开始的，就像中医观念中的“不通则痛”，如果企业自身出现了各种问题，一定是经营流程在某个环节遇到了阻碍，而那些销售、生产、研发上的问题，只不过是因阻碍而产生的“并发症”而已。

经营工作的内容

企业经营工作的着力点在于经营流程和其所涉及的岗位工作，而其目标就是通过纠正其中一些问题，好让整个经营过程得以完善。当整个过程越发完善，就可以使产品或服务的价值无限趋向最大化，以实现更大的利润目标。所以经营工作的内容也可以就此明确，就是要不断地完善经营过程，其具体做法就是改善经营流程和提高岗位工作水平，这也是经营工作最有效和最直接的方法。

改善与提高都需要时间这个条件才能看到具体的效果，也就是说，都需要通过一系列的行动将事物原本的样子改变成为另外一种模样。所以经营管理的工作大致上也分为两个方面：了解现在与不断改善。

1. 了解现在

“了解现在”其实就是经营管理的准备工作，它并不是一个轻松而简单的工作，大多数企业家与经理人在认识企业自身的流程与岗位工作现状时，更多的是依赖经验判断。也许绩效考核或相关的测评工具可以帮助进行分析，但结果更多的只是体现在最终结果的价值判断上，无法描绘出具体的执行层面，所以对待“了解现在”这件事要认真对待，并掌握有效的方法。

（1）经营目标。虽然经营目标并非本部分的内容，但它却是流程与工作的目标指引，非常重要，所以了解经营目标应作为第一步。通常情况下，经营目标是企业管理层的决议结果，和战略层面有关，而经营工作的主体在于执行层面，并且经营目标通常会做企业内的宣贯，了解起来并没有难度，这里不对其做过多的描述。

（2）现有经营流程。经营流程也就是企业的主营业务流程，是企业中“看不见的线”，了解它要花上很大的精力，并且没有捷径可走。当把经营流程描绘清楚后，很多企业内的问题也就随之暴露，在解决时也会更加主动。梳理的方法仍然是用四维流程图的形式，但过程会有很多不同。

（3）现有岗位工作：如果按照四维流程图的方式，梳理现有经营流程时就已经将其涉及的岗位工作内容进行过总结，但这些内容并不是它的全部。比如很多企业的岗位职责描述中充斥着大量描述模糊的地方，所以在这里，梳理的方式要有些变化，目的就是要把所有难以执行的工作进行整理加工，变成可执行的状态，以便日后提升改善。

2. 不断改善

准备工作完成后，就进入了经营工作的执行部分，方式就是不断改善现有的流程与岗位工作这两项内容。根据四维工作法的联动规律，这两项内容的变更往往是连续进行的，所以对于它们的改善是视为一体共同考虑的。这其中流程的改善并不仅仅是自身，与流程相关联的架构、岗位、职责分工等也是改善的部分。岗位工作的改善也离不开制度、方法、工具等因素的影响。除此之外，还要关注那些工作中不明确的领域，所以上述提到的各类因素都有可能作为改善项目。但需要提前明确的是，由于经营目标的改善并不属于企业内部经营工作的执行范畴，所以本章内容对此并不涉及。

此外，只要提到改善，就不得不提到丰田公司，其精益的改善模式早已成为业内典范，久为流传的改善规则和众多方法论也可以作为本章内容的辅助参考，而且掌握这些知识对于经营工作也有极大的推动作用，希望各位读者多加关注。

二、梳理经营流程：制作经营流程图

制作经营流程图的目的

我们都知道一个现象，就是在企业中岗位层级不同，所看到的问题点也是不同的。比如说，在实际的经营当中，根源的问题一定是在基层的执行层面当中，但是经过逐级的“包装和掩饰”，等到最高管理层意识到有问题的时候，可能已经过了很长时间，因为他们看到的问题已经变成了不合格的产品和服务，或者是出现在了财务层面。这个时候再想解决根源问题，已经没有了切入点，因为摆在他们面前的只有经营的最终结果。问题是发生在过程当中而反映在结果上的，如果只能看到结果而没看到过程，则是没有办法真正发现和解决问题的。所以这个时候的管理者，除了能够对“人”进行一些管理操作以外，对于“事”的解决是没有任何办法的。

这个论点在之前的文章中也提到过，而且补充说在企业管理的各种规则当中应有的一条原则是“事在人上”。这句话翻译到企业经营当中，应该就是“先事后人”。说得更加直白一点儿，就是“人的问题通过事情来解决，事情的问题通过人来解决”，即当发现某个人犯错的时候，要先考虑是不是流程出了问题，如果流程没有问题，再去考虑是不是人为的问题。对于以上现象来说，想要解决问题，同样应该依照这个方法来做。

事实上，企业中大部分看到的“人的问题”其实是流程不清、职责不明所造成的“事的问题”，在一味地强调员工主观能动性之前，要先看看整个经营的流程是否通畅，员工是否可以顺利工作。这种感觉就像是法庭中的“无罪推论”，当某个人有了嫌疑，要做的并非想方设法让这个人认罪，而是运用排除法，先找到其他的影响因素，这么做看似在为其开脱，其实是最体现人性与法制的一种方式。我们解决问题的目的并非要去处理某个人，而是希望这种错误将来不会再次发生，无论工作是否仍然由这个人来做。而一味地把责任推到某个人身上，其实就是变相地隐藏经营流程中的问题，这种情况是让人难以理解的。

那么员工就不会有错误吗？当然不是，在“先事后人”的原则中，还有半句话叫作“事情的问题通过人来解决”。如果一件事情的经营流程足够清晰，职责区分和工作方法也很明确，员工在经过培训后还是多次出错，那么我认为这名员工就是不称职的。很多管理者在纠结某个员工能力的时候会有因人设岗等类似的情况发生，其实大可不必。因为企业的职责是去创造利润，否则就是犯罪（因为消耗了社会资源），员工也是如此，虽然不致到犯罪这么严重的程度，但也应该被淘汰。企业创造出的价值是设计出来的结果，过程便是经营流程，员工可以看作流程中的资源，存在的目的是让流程顺利且高效地运行，所以千万不要被“资源绑架流程”。从人力资源角度来说就是“以岗定编，以编定员”。现实中企业的确要为它的员工着想，只是这种着想应该体现在发展平台的维护上，是为员工创造更大的能力上限环境，而不是像庇护所一样提供保障生存的下限。保障生存下限的这部分工作其实是社会和政府的职责，企业做的是通过税收等方面给其提供价值支持，千万不要搞混。

通过以上的描述，我们可以发现，拥有一个清晰的经营流程是企业完善经营的一个必备条件。达成这个条件最直接、最有效的方法，就是按照“四维流程图”的方式制作经营流程图。因为流程在企业中是条“看不见的线”，是隐形的，所以企业中的经营流程大部分都无法做到具体执行层面，而按照“四维流程图”方式制作的经营流程图则可以将现有的经营流程以可视化的方式实体展示出来。并且清晰的流程可以把企业的所有岗位工作罗列出来，使工作的细节看得见、摸得着，这样就可以准确、快速地定位运营中的问题所在，避免在解决问题时管理者出现“凭想象作决策”的情况，这在后续的改善调整中是至关重要的一点。

经营流程图的作用

1. 聚焦生命线

向死而生，这是企业管理永远遵循的原则之一。经营流程是企业经营中的生命线，是企业经营的价值体现与实现现金流的核心保障，企业中所有的工作都是在围绕着这条生命线在进行，它的缺损会导致出现釜底抽薪式的灾难，所以时刻监督它的健康情况，是任何一家企业都要做的必备功课。通过可视化的流程图，可以排除各种干扰因素，直接达到聚焦的效果，并大大缩短聚焦的过程，这就让各级人员将分散在其他非核心问题上的精力聚焦到高价值的工作中，提高了企业对于经营问题的反应效率。

2. 战略执行地图

经营流程也是企业在制定战略后的具体实施过程，是实现战略目标的战术方式。它和战略有一种天然的捆绑特性，这也就使它成为制定与完善战术以及战略纠偏的重要手段。大家都知道“战术上要重视敌人”的说法，一幅真实且清晰的经营流程图，便是对于企业端战术执行的重视表现。由此可见，制作经营流程图不仅可以解决内部经营问题，还可以保障战略实现。

3. 共识的基础

上下级因为接触的信息不对等，所以对于工作认知的详细程度也不同。通过运用“四维流程图”的方式来梳理经营流程，可将流程中的工作信息以平面的形式展示出来，具有透明化的效果，使各类工作内容、标准与目的一目了然，有效达成统一的共识。更加重要的是，让企业所有员工和企业经营目标达成共识，将企业、管理层和员工之间的沟通成本压缩至最低限度，最大程度地减少无效沟通，让目标保持一致，真正实现扁平化管理。

在达成各方共识之后，每名员工将对自己的岗位工作有足够清晰的认识，无论流程图多么错综复杂，都能准确地定位到自己在企业中的“经纬度”。这种大局观的概念不仅使日常工作变得更加顺利，而且在紧急情况发生时，也能把已掌握的“共识信息”作为重要的判断依据，做到不慌不忙、应对自如。

4. 认清事实，找出症结，改善的基础

经营流程的透视化梳理，会将流程中的问题全面暴露。长短板的成因与结果不再是会议上的扯皮与推诿，也不再纠结于某一“事”或“人”的问题上，而是通过“上帝视角”，直观地看到问题的症结所在。着眼于清晰的逻辑关系和事实依据，将问题彻底曝光，便能准确而快速地做出正确的应对方案，这些都为企业经营的改善提供了良好的基础。

5. 精益式改善

所有改善的目的都是使经营流程更加完善，而改善的着力点也正是经营流程本身，这就使企业进入了精益式改善的良性循环。这种改善的形式会将企业和员工的精力始终聚焦于经营流程本身，以循序渐进的形式逐渐提高其效率。这样不仅能够实际解决企业经营中的问题，提升最终产品的价值，也能培养员工正确的工作思维模式与行动方式。

6. 架构与岗位调整依据

常规的架构和岗位设置虽然是根据业务进行划分，但多以企业管理层的业务水平与经验作为判断标准，少有科学的依据，原因就是没有意识到流程、架构、岗位之间的逻辑关系。通过流程的梳理，可以把业务过程清晰地展现，这就为更加严谨地调整架构与岗位提供了依据，对于“瓶颈”环节的问题处理减少了依赖经验主义判断所带来的风险，使企业架构更为合理，以适应经营流程的需要。

7. 岗位操作手册的来源依据

流程与资源的维度顺序规则，明确了资源不可独自游离于流程之外的特性。而《岗位操作手册》这种资源类因素的集合体，也同样不能脱离流程的指引。并且依据流程所做的手册内容均是以经营中的事实作为来源，所以相比其他形式的编纂方法更为科学，且更加具有实际的行动指导功能。

经营流程图的制作

“经营流程图”同样运用“四维流程图”的制作方法，但是企业级的流程图则不是一个部门或几个经理人能轻易完成的，这需要自上而下的有效协作来共同完成，并且在制作中会与岗位工作的梳理工作共同进行，所以本部分内容会在“经营管理准备工作的操作详解”这一节进行统一讲解。

三、梳理岗位工作：重新编制“岗位说明书”与“岗位操作手册”

梳理岗位工作的目的

对于一个管理者而言，了解下属的工作内容是天经地义的事，可在实际工作中想要做到却非常困难，所以经常会出现管理者不知道下属在做什么的情况。比如说经理认为下属职员的工作有A、B、C，可实际的工作却是A、D、E，有些工作没有在做，而有些工作做了却又没有让上级知悉。这其中当然有上下级沟通的原因，但更重要的是，工作的设定没有从实际的经营流程出发，仅仅是凭着推理和经验做出的总结。就像多数企业中“岗位说明书”的制定，基本上是各级管理者根据自我的认知在办公室一个人完成的，没有对工作进行翔实的考察，这就造成了很多岗位的工作职责和任职要求出现偏差。并且因为这种问题的存在，导致了后续在考核、培训甚至招聘中也出现了其他的问题，比较有代表性的例子就是招聘中经常吐槽的“面试造核弹，入职拧螺丝”。

梳理岗位工作的目的就是改善这种情况，将岗位所做的工作明确化，把工作内容清晰直白地展现出来。体现到具体成果中，就是能够编制出一套全新、准确且与经营流程相关联的“岗位说明书”与“岗位操作手册”。“岗位说明书”是岗位任职需求的汇总（包含岗位职责和任职需求），而“岗位操作手册”则是对于岗位工作在执行层面上的具体指导说明。这两个文件是经营流程中对于岗位的要求和工作内容的纵向表达结果，也是支持经营流程顺利运行的主要资源。在实际工作中，它们更是岗位管理和工作管理的重要依据。

首先，这种梳理方式可以让工作职责更为明确。在经营流程梳理完毕后，可以综合列出某一个岗位的具体工作职责，但这些工作并非“岗位说明书”

中职责的全部内容。如果把“经营流程图”中涉及的工作和岗位职责这两个看似无关的事务相结合，就会发现其代表的工作内容被流程给天然地切成了两个部分，一部分职责是在经营流程当中，如果不做就会对现有的经营流程造成伤害，称之为“流程岗位职责”，例如一个招聘岗位职责中的“按照上级要求完成招聘任务”；另一部分则是强调“完善工作、改善工作”的职责，多用于改善现有的经营流程与岗位工作而制定，如果不做也不会对现有经营有伤害，称之为“经营发展职责”，例如人力资源总监职责中的“完善公司人力资源战略体系”。

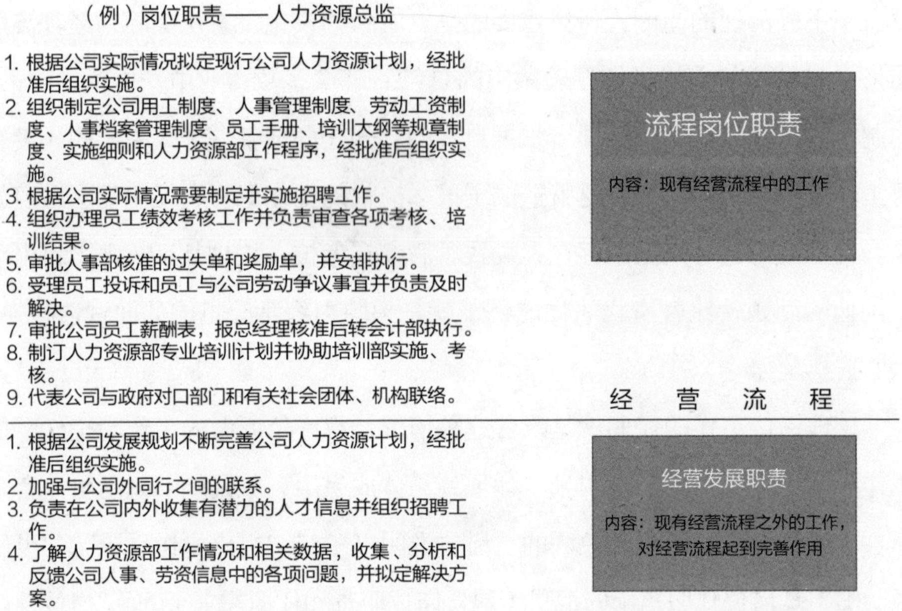

和以往的“岗位说明书”中的职责说明相比，这种区分方法对于工作描述的准确性大大增加。在“流程岗位职责”中，可以把工作内容所对应的流程和方法等内容进行标注和说明；“经营发展职责”也是如此，在工作内容中，可以明确标注出该对哪段流程进行完善和补充。因为这种做法是基于实际经营情况而得出，所以所列的内容就是真实的工作还原，能有效识别出真实的工作内容，从纸面上就可以很立体地观察并管理这个岗位的全部工作职责。在实际的工作应用中，像“流程岗位职责”这种较为固定的工作内容，可以准确地编制成“岗位操作手册”；而对于“经营发展职责”的工作，也可以做出明确的指导，这些对于岗位工作的培训、传承、监督、检查和指导等管理工作都有着极大的支持作用。

其次，可以有效地识别出无效的工作。在多数情况下，因为没有流程和资源的概念，所以没有把经营流程与岗位工作的逻辑关系明确化，这就会出现某个岗位的工作在设计之初就没有被界定清楚，导致出现工作内容又多又杂的情况。通过梳理，则会将员工的岗位职责与工作内容平面展开，把产生价值的工作内容识别出来，将游离于流程之外的且不是改善类型的无效工作内容剔除出去。企业追求“多面手”是一个良好的期望，但这其中的每一面都应该是产生价值的，许多工作做了其实是没结果、没意义、没价值的，这本身就是一种资源浪费。（说明一下，“打杂”的工作是有价值的，只是价值较低，不属于无价值工作）

最后，梳理岗位工作也可以明确岗位的任职需求。岗位工作的安排经常会“因人而定”，这种做法在企业中也较为普遍。中国社会中本就有“能者多劳”的说法，但是如不能给予及时的回报与补偿，那么“能者”也会因“同酬不同工”的待遇问题而充满怨言。这在表面上看是没有人才可用，本质上还是没能把工作内容明确化导致。如果工作内容清晰明确，就能准确地推理出岗位任职资格和各项标准，这样既能避免出现能力需求“高大全”的情况，也能防止出现入职员工不能快速上手工作的窘境。将这些信息更新到“岗位说明书”中后，对于岗位及人员的选择也就有了合理的定位。

梳理职责与工作的作用

1. 岗位价值评估

通过以上的推论，如果将“流程岗位职责”与“经营发展职责”的区分方法引入传统“价值链”的图中再去思考一下，就会发现一个非常有意思的现象：

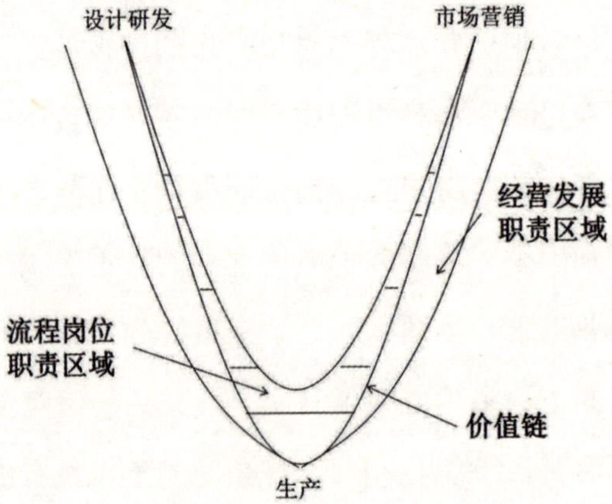

价值链中产生价值越高的岗位，其全部工作职责中“经营发展职责”的占比就越大，“流程岗位职责”的占比则越小，反之亦然。这是因为在经营流程中，“流程岗位职责”的工作内容与方法可以固化，例如一名产线的操作工人的工作内容；而改善类型的工作则充满了个人主观色彩的各种策略和因人而异的不确定性，例如一名产品设计人员的工作内容。此类现象在岗位职级中也有所体现，比如一个部门的负责人肯定比部门内的专员“经营发展职责”要多。通过这些推理，可以很巧妙地对岗位价值进行评估，因为主要评估的就是岗位的工作价值，所以只要将某一个岗位的涉及流程区域、两类工作职责和数量、难易程度以及职级等信息逐一进行评价并综合即可。这种评估方法的依据要更为直接，且所有岗位的评估方式相同，通过类似坐标的形式抽取绝对真实的信息，可以避免出现多余的人为因素干扰。

通过这个理论，能看清楚很多大企业的用人策略。比如说华为公司在2017年爆出过“中国区开始集中清理34岁以上的交付工程维护人员”的事件，就印证了这种职责区分的理论。工程维护这个岗位其实是“流程岗位职责”多于“经营发展职责”的，当一名员工在22岁大学毕业进入公司后，凭借着年轻有冲劲，不光可以做好在流程中的本职工作，还可以对涉及的流程本身进行改进和完善，这两项工作内容构成了他个人工作价值的全部。而经过了10多年的工作光阴后，因各种不可抗拒的原因导致冲劲大部分丧失，个人贡献完了力所能及的“养分”（无法再对经营流程起到改善作用）后，“经营发展职责”的工作也就几乎不再触及，所以显得薪酬相对“过高”。养分供给完之后，该岗位员工的价值就会显著降低，对比新一届入职的年轻人来说也就没什么可比性了。可能有人会说：老员工的经验是不可替代的。对于这点来说，我只能深表同情，因为他所有的工作精华都已融入了企业经营流程这条生命线当中，所提供的改善内容早已成为该岗位的“执行操作手册”，知识的传承已然形成，至此他在公司的使命也就完成了。很多国内的外企在用人策略上也是如此，所以在中年离职的人较多。话虽残酷，但这是事实，只是没有人戳破它而已。

2. 支持招聘、培训工作

依据事实更新的“岗位说明书”和“岗位操作说明”，对招聘和培训工作能起到非常有效的支持作用。在招聘工作中，较为困难的一点是如何判断候选人的各项能力水平，以常规的方法来说，就是通过以往工作经历、面试表现、学历等因素来匹配“岗位说明书”和面试官头脑中的岗位任职资格，但原本的岗位任职资格大部分还是通过经验判断而来，并不具备严谨的科学性。而经过经营流程和工作内容直接推理就可以将岗位的所需能力、技能和方法等任职条件一一罗列出来。在招聘中，聚焦于这些条件可以避免出现追求

“高大上”的情况，让面试、笔试过程更为严谨，选择更有依据；在培训中，也可以针对实际工作内容的能力需求进行策划和课程的安排。

3. 干部管理工作的支持

在“四维工作法的应用”这一节我解释过，作为干部的必备条件之一就是要对所负责的流程有一个清晰的认识，在本章内容中又介绍到了，管理者岗位的工作职责中也要有一些是完善、升级所负责的流程，所以这两个要素都可以作为企业中干部的晋升、降级和调岗等管理事项的能力判断依据。

从流程角度来看，我认为在一个常规的企业中管理者一般分为三类：一是战略制定，通常指的是高管层；二是战略执行，即具体执行战略经营流程的各段、各级干部；三是战略保障，是为经营流程提供支援工作的部门管理者，多为人事、行政、财务、后勤等部门人员。因为各类干部的工作方向不同，所以企业在做干部管理时，除了对于上述两个能力的考察外，还要根据其所在的管理分类制定出不同的考核标准，这样就可以得出一个更为合理的结论。而对于潜力的判断也可以遵循这种模式，但所偏重的是对于流程敏感性的考察，这更像是在检验一个人是否拥有流程化的思维模式，因为这正是企业经营的核心要素，也是管理者应具备的最基本能力。

4. 其他人事工作的支持

其实只要将“岗位说明书”和“岗位操作说明”更新后，就可以惊喜地发现，这对于所有的人事工作都有很大的帮助。职级体系、薪酬、绩效、企业文化等方面都可以从实际的工作内容角度出发，这些工作的重要参数从原本的“拍脑门”变成有科学依据的推理结果。准确的着力点让所有工作都变得简单、直接、透明且有效，一个可见的目标（提高工作效率、完善流程）也让所有人都清楚了这些工作的目的，反抗与不配合的情况就会减少很多。

这种从“事实”中来到“事实”中去的工作方法，体现的就是一种务实。以薪酬和绩效考核为例，在薪酬的制定中，可以更加科学地按“流程岗位职责”和“经营发展职责”分为两部分，根据岗位价值与工作内容的不同，核算出一个合理的数值。而绩效同样也是针对这两部分分别进行考核，考核的方法、目标都会有所不同。比如说“流程岗位职责”的工作考核，多是以“岗位操作手册”中的内容为标准进行，而“经营发展职责”的工作考核则要对比以往的流程，从产出结果和流程改善程度这两方面作为评价标准。

梳理职责与工作的方法

在实际工作中，“岗位说明书”和“岗位操作说明”的制作与经营流程图的制作将共同进行，所以不在本节中单独阐述，具体的方法详见下一节“经营管理准备工作的操作详解”。

四、经营管理准备工作的操作详解

做公司层面的流程和岗位工作的整理较为复杂，所以可以当作一个公司级的项目来对待，如果追求执行的效率和最终的效果，可以选用适当的咨询公司作为项目的推手来辅助执行。既然是项目，那么谈的更多的就是前两节内容的执行方法，所以这一节的内容可能看起来会较为平淡，但作为执行中的关键，还是有必要详细了解的。并且，因为这些过程是由本人经多次实践得出，所以可以将整篇内容看作一个大型的案例来解读，比较具有参考性。在整个项目的过程中，除了梳理流程和岗位工作外，还可以对公司内部起到培训的效果，而且这种对于内部不同层级人员培训的好坏可以直接影响项目最终的完成效果。

准备阶段

1. 公司管理层达成共识

经营管理中的“了解现在”绝对不是一个简单和轻松的工作，在过程中会碰到很多需要沟通、协调的事情，并且管理层的统一认识也是保障事情顺利进行的基础。在统一共识中可能并没有太多时间给予项目发起人去讲解其中的原理（如果有的话更好），那就需要在管理层会议中将梳理经营流程和岗位职责、工作目的讲清楚，突出“经营流程的健康是企业经营活动的基础”这一原则，并把过程方法尽量详细阐述，可以做一个小范围的“四维流程图”案例来辅助讲解达成的效果。所有的努力都是以得到企业各模块领导的支持为目标，因为下一步就将从各部门挑选合适的人组建项目组了，管理层的认可程度会直接决定着这部分人在项目中的表现。

在企业实际的运作中，也可能会碰到“流程再造”的项目，这也是一个非常好的切入点。“流程再造”这词本身也是一个伪命题，大部分企业对于经营流程本就没有清晰的认识，只是因为经营过程的混乱到了一定的程度，严重影响结果时才会想起去做这个事，再去包装上一个比较高大上的名称。但做了就是好的，可以顺着这个方向前进，对于工作有很大的推动作用。因为“流程再造”终究是第二步的动作，而第一步首先是要了解现有的流程，通过这些实际情况才能进行下一步的整改。

说服领导们不光可以从“道理”层面着手，感性的沟通也会达到出其不意的效果。一个清晰而完整的经营流程对于企业负责人和管理层来说也是一个他们“丰功伟绩”的具体描述，让他们看到企业的“造血过程”，是一个让人感到新奇而又有兴趣的点。就像伟大的帝王带领着将军们征讨四方、获胜无数，在庆功宴上摆出了一幅疆域图，所有人都会盯着它看，并逐渐回忆起若干往事，也激励着他们继续开疆拓土的决心。

2. 项目团队组建

管理层达成共识后就可以组建项目组了。项目负责人最好由发起人担任，在人员的组成上要挑选各个业务部门的绝对核心成员。项目组成员一定要保证他们是各自部门的工作骨干，精通本部门业务，最好还有一定的号召力，智商与情商也要作为重要的参考条件。智商的要求是因为这些内容对于所有人来说都是新的事务，智商较高的人可以做到快速学习并应用，而情商的要求是因为工作中充斥着大量的团队合作内容，这些都是加快项目进程的重要因素。此外，如果有条件的话，尽量挑选与项目负责人配合度较高的成员，这样更易于项目的进行。

3. 项目讲解与方法教学

（1）项目介绍

给项目组成员进行项目介绍并非一件容易的事情，因为整个项目看似简单，实则操作复杂，还需要成员有一定的理解能力，这就需要在介绍时简单化处理。除了介绍项目的进程和管理规定以外，介绍时的核心重点还是在于让大家意识到经营流程的存在，并强调它的重要性。必要时要将整个项目的全貌进行展示，把最终的经营流程图与新编“岗位职责”“岗位操作手册”等结果文件进行模拟讲解，统一大家对于结果的认知。

（2）“四维工作法”教学

这是在初次集体会议中最重要的一步，多数情况下是在项目介绍环节结束后马上进行。“四维工作法”教学是项目成功与否的关键，而授课的过程对于成员来说也有较大难处。通过授课，要让他们重新认识流程的作用和形态，并把现有工作的逻辑方法推倒重建，“四维工作法”中大量反常识的理念对现有的工作思维冲击较大，例如“人”和“事”之争等，要时刻做好停顿、反复讲解的准备，并提前做好应答方案。特别是在“四维流程图”的画法上，一定要认真、准确地教授，并要求按实际书写，以检查每个人的掌握情况。

“四维工作法”的教学过程也是一个成员筛选的过程。对于那些明显反抗或理解不足的成员，在条件允许的情况下，要尽快做出调整或单独辅导；另一些学习能力较强的成员则应该重点培养，在日后的项目中担当一些较为重要的职责。除了项目成员的筛选功能以外，从企业发展角度来看，整个项目同样是一个为企业培养经营人才的过程。经历过项目历练的成员会对经营流程有更加清晰的理解，并能够站在一个更高的高度上进行工作，这对日后的经营流程调整与工作改善会有相当大的帮助。

（3）流程分级

在“四维工作法”教学之后，还要对项目中的实际应用做出进一步的讲解，这就涉及项目进行中的流程分级策略。在实际工作执行中，如果直接一步到位地画出像“四维流程图”中的流程与匹配岗位会非常困难，所以为了避免出现错误，会采用自上而下式的共同分级、协同分解的方式，将流程与企业架构进行多级展开。这种可追溯性的展开方式可以确保在行动层面上的正确性，也可以为后续的调整提供便利条件。

多级展开的数量在企业中是与企业架构的层级成正比的，比如在有些企业中有事业部、模块、部门、岗位四级架构，那么对应的就应有四级流程，但在一般的企业中，多级展开即为三级展开。顾名思义，三级展开就是将流程与企业架构人为地设置为三个层面，一级流程所匹配的就是企业中的各个模块，二级流程匹配的则是部门，三级流程就对应到了岗位，也是我们最为熟悉的样子。这种分级展开的模式是流程与企业架构的纵向分解，也就是说在企业架构逐级分解的同时，流程也在逐级分解，并与之匹配。

一级流程：就是模块层面的大致流程，这个流程也是最好写的，但因为它是下属流程的指引，所以一般由管理层进行制定。画法上也没有太多的限定，基本就是按照模块进行罗列，例如从研发开始，到生产、销售、售后等等。但这里要明确一点，类似于财务、人事模块的内容并不在一级流程中，并且也加不进去，因为这类工作属于给经营流程做支持作用，并不会实际参与到具体的业务中。但这些部门的工作很多都会在二级和三级流程中有所体现，所以不用担心这些支持部门的工作会消失。

二级流程：是一级流程的部门层面分级，即用流程串联各个部门。它的画法也有别于一级流程，要明确部门之间的活动区域，这是为了给三级流程的制作提供确切的界限。流程的步骤多以“项目”或“事件”的形式体现，每个单独的步骤最好不要涵盖超过15个岗位，这样在三级流程图中，也就是“四维流程图”的书写上能规避很多麻烦。

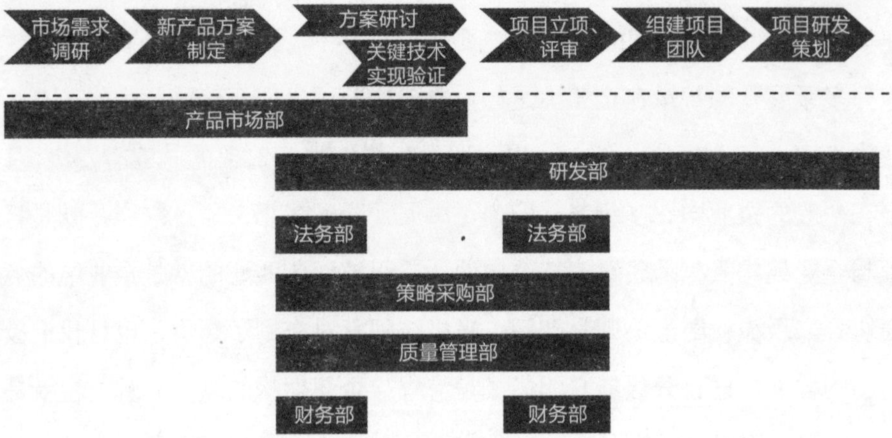

三级流程：三级流程同样也是二级流程的分级，并且最好以一个单独的“项目”或“事件”做单元，画法即为“四维流程图”，描绘的是岗位层面的流程。再次强调，“四维流程图”中的步骤必须是岗位中的动作，在书写过程中不要遗漏任何动作，特别是审批环节，相邻流程中的“开始”及“结束”步骤应能保证完美衔接。

这种多级流程的画法华为公司也在使用，不过他们的二级流程，即部门层面的流程是由公司统一制定，而三级流程则是由部门内部或基层员工自行制定后上报，公司管理层面对于三级流程并不会做太多的规范。三级流程的制定是最烦琐的，也是变化最频繁的，这也就对基层员工的职业素质与流程意识有较高的要求。事实也证明，这种方法对于企业的经营流程规范与员工的工作指导起到了十分积极的作用。在华为这么大的企业中，实现良好的业绩绝不会只是这一个因素的原因，但我绝对有理由相信，正是因为关注并重视经营流程，所以华为是一家极其务实的企业，这也就具备了实现良好业绩的根基。

4. 项目团队分组

因为经营流程较长，所以按照流程从头到尾逐步编制流程的方式就显得太过拖沓。解决的方法就是，在项目进行前将项目团队以工作性质的不同划分出多个模块组，尽可能地多领域同时进行，以加快项目完成速度。

设置模块组的原则有以下两点：

（1）业务流程：是经营流程中产品价值的实际产生过程，分为“产品实现”与“客户服务”两部分。“产品实现”部分涵盖多为产品、研发、生产、仓储等部门，是产品从设计到生产的过程；“客户服务”部分涵盖多为销售、市场、客服等部门，是将产品进行销售到售后维护的过程。

（2）非业务流程：涵盖财务、人事、行政后勤等部门，在经营流程中的功能多为业务流程的支持保障，其本身工作并不能直接带来产品价值。

所以模块组的设置分为三部分：产品实现模块组、客户服务模块组和非业务流程模块组。每个模块组设置组长一名，可配副组长一名，组长统筹负责本模块组内二级、三级流程的制作进度。

流程梳理阶段

1. 一级流程梳理

一级流程的梳理较为简单，项目负责人可直接拟好流程，然后在管理层会议上征集意见即可。多数情况下，一级流程并不会有太多出入，得到公司负责人的同意即可。

2. 二级流程梳理

二级流程的制作方法可与上述案例相同，工具可选用PPT，主要目的还是将一级流程进行分解，步骤中的“项目”或“事件”以部门视角进行描述，并将与之关联的部门列入其中。二级流程的梳理以模块组为单位进行。一般情况下，一个模块在一个工作日内即可梳理完毕，项目负责人要与之开会进行检查或共同制作，特别是流程中的步骤要绝对真实且不留遗漏。这当中较为困难的是非业务流程模块组的二级流程书写，因为支持保障类型的工作多是以单独形式出现，而且对象部门并不固定，无法形成二级流程，比如财务的报销、人事的社会招聘等，所以这里只要求尽量将模块内的“项目”或“事件”罗列清楚即可。

3. 二级流程整合及审批

二级流程制作完毕后，项目负责人要将其进行整合及罗列展示，并向管理层汇报审批。审批的过程中，一定要挑选中层以上领导都在的场合，比如月会、周会等。通过这种逐步排查形式而产生的二级流程准确性较高。在审批过程中，项目负责人要起到引导、协调等作用，预防有可能出现的争吵、扯皮等现象，如遇不决时，要请企业经营负责人进行裁决。这当中不要害怕争吵，争吵是为了更好地暴露问题，但也要学会适当的调停和引导。

4. 三级流程梳理

三级流程梳理是整个项目的关键，也是最为困难的一个环节，画法依然是用“四维流程图”的方式。制作的过程中，建议将原本的模块组再进行细分，因为三级流程是二级流程的分解，所以展开的流程会非常多，制作起来会较为方便。在二级流程中的“事件”步骤可以作为单独的一个课题，然后由涉及的部门人员组合成一个临时的小组，并设置小组长一名。由于分解下来的流程会很多，所以会出现一个项目成员同时存在于若干个小组中，并在个别组中担任组长的情况。这一部分的时间跨度会较长，在任务安排下去后，要规定制作的周期与检查要求，并严格按照计划执行。

5. 三级流程审批及资源补全

三级流程制作完毕后，是以“事件”形式单独存放的。负责流程的小组长要向企业相关部门的负责人进行汇报审批（部门一级审批即可），如果发现问题，需及时修订，确保每段小流程均是正确的。整个项目的负责人也要特别关注所有流程的接口问题，并将它们按流程顺序储存。

在各个流程审批结束后，流程相关岗位的项目成员就要进行资源补全的工作，也就是在流程中补全各个步骤中所需的制度、方法、工具、时间等条件要素。这个工作团队协作的地方较少，个人即可完成大部分工作，补充完毕后再由上级检查审批。

文件整合阶段

1. “岗位操作手册”的制作与整合

在所有流程的资源补充完毕后，各个岗位的员工即可将所有涉及本岗位的资源项进行汇总，编制成“岗位操作手册”。这里面的内容均为“流程岗位职责”的内容，即流程中的常规动作，是一份较为基础但具备可传承性的工作文件。特别提醒一下，研发和销售人员在编制时可能会有误区，这两个岗位属于价值链中的高价值岗位，其本身的研发和销售工作就属于“经营发展职责”。因为这两项工作是直接改变经营流程的，只是改变得较为频繁，让人产生了错觉而已，所以在研发和销售活动的步骤资源中无须填写过多内容，而且这两个岗位的“流程岗位职责”内容本身就相对较少，比如常规参与的审批、报销等事项。

各个岗位的“岗位操作手册”制作完毕，后续上交至项目负责人，由其进行整合并储存；各岗位的工作内容有调整时，也需修改“岗位操作手册”，并上报更新。

2. 三级流程整合

由于三级流程的内容较多且复杂，所以还是建议分模块进行整合。整合的过程中，每个模块也应拆分成多个部分，以防止某个流程变得过于庞大。具体拆分的界限由项目负责人制定。在制作过程中，需要有项目负责人共同参与，以保证整合的正确性。在所有三级流程尽可能地整合完毕后，上交至项目负责人处，并由其进行合理储存。

项目结束阶段

1. 修订岗位职责，重新编制“岗位说明书”

三级流程与“岗位操作手册”一并递交各部门，部门内部根据这两份文件修订岗位职责并重新编制“岗位说明书”，“岗位说明书”的编写方法可与人事部门共同商议后决定。在各部门编写之前，可先由人事部门进行相关培训，编制结束之后汇总至人事部门保存，以此为依据，对招聘、薪酬、绩效等工作作出相应调整。

2. 文件发放

项目负责人将所有整合过后的三级流程、“岗位说明书”与“岗位操作手册”一并发送至公司各级领导，使其对公司经营流程和涉及岗位的工作有整体的了解，这些文件也将作为后续的经营管理工作中的重要参考文件。

3. 指定流程负责人

要保证流程的健康，需要有人时刻对其进行监督。当某段流程出现问题时，由于有流程负责人存在，可以提高对于问题的反应速度。又因为其对于流程的熟悉程度较高，所以可以有效减少各部门互相扯皮、犹豫不决等现象，加快问题解决的速度。在人员选择上可以指派在制作三级流程过程中的各单元小组的小组长，一是这些成员本身对流程的熟悉程度较高，二是这些员工对于流程的制作方法与相关规则比较了解，这在日后的流程修改过程中可以起到重要作用。

五、经营管理工作的执行

经营流程与岗位操作手册内容整理完毕后，经营管理工作就显得非常方便了。整个经营流程就像是一幅清晰的人体脉络图，无论哪里有问题都可以直观地查看到根源所在，并能够正确、周全且有说服力地提出解决方法。在这个基础之上，经营管理的执行工作更像是一种维护、保障，而非大刀阔斧的调整。整个经营工作的管理模式也更像是大禹治水般的“舒经活络”，哪里流转得不畅快，就集中精力去解决哪里的问题。

发现问题

在做好各项基础准备工作之后，经营管理工作的第一步就是去发现问题。作为一名经营岗位的职业人来说，整个经营流程都应该是关注的对象，在日常的工作中也一定会有已经显现出的经营问题等待去解决。这些问题的发现并不是什么难事，在这些之外还要去关注一些没暴露出来的问题，所以问题的发现还要做很多工作，争取主动暴露它们。如果问题发现得及时和准确，便可以做到“君有疾在腠理，汤熨之所及也”。

1. 与现有经营目标（战略目标）的匹对

每一家公司及企业都会设定年度、季度等经营目标，这些目标的存在恰恰可以作为问题的来源。等事实结果出来之后，就可以与目标进行匹对，无论结果是超越了目标还是未完成业绩，都可以反推回流程中进行带入查看。在现实工作中，影响最终业绩的因素有很多，但如果是事实结果与目标设定不符，那么一定是现有的经营流程或工作中有部分内容出现了和设想不一样的地方。而对于这些问题的具体位置，则需要有其他方式的严谨论证过程，但可以很明确地说，最终要完善的内容终究还是会落回到经营流程与岗位工作当中，完善它们才是提升产品价值最直接的方式。

2. 经营流程的排查

手头有了经营流程图以及各岗位的操作手册等文件后，直接可以进行的就是按顺序排查，只是这种发现问题的方式有些烦琐，并且对于执行人员的职业素质与工作水平要求较高。但这种排查的方式却是非常细致且全面的，企业很多经营问题在日常工作中其实都是被忽略掉的，比如审批的烦琐，流程运转的不合理等，这些问题在工作中已经常态化。当把流程放置于平面展示之后，就可以很直观地发现问题所在。

这种问题发现的方式适合在公司范围内推广并且在各部门共同进行，且可以长期执行。如果能在企业各个部门中养成经常自我排查的习惯，那么在经营改善的初期，就可以得到非常好的效果。这种习惯也非常适合类似于“流程再造”这类项目的推进工作。

3. “意见箱”收集

这里的“意见箱”并非常见的铁盒子，而是指经营岗位工作者要善于通过各种渠道收集企业内的各类信息，经过一定的分析，便可以发现经营中的某些问题。比如一般企业中常见的各类座谈会，与公司同事的日常工作沟通、牢骚抱怨等，都是很好的收集问题的渠道。也许某件事情在别人口中只是轻描淡写地一笔带过，但从经营角度来看，就是一个应该重视的问题。

4. 经营目标（战略目标）变更

这和经营目标的匹对有相似之处，同样都是根据目标来反推经营管理工作的执行，区别在于，目标的变更带来的往往是经营流程与岗位工作的大范围变动。在目标变更后，经营管理者往往首先要思考的就是企业架构、经营流程等事项的更改，使其可在逻辑上支持最终结果的达成。所以，碰到这类情况，更要打起十二分的精神去小心应对。要补充的一点是，在更改架构与流程时，先不要去考虑人员匹配的问题，一定要遵守“先事后人”的原则。

问题分析

1. 主导会议

问题被发现之后，切不可着急去进行改变，要先进行系统的分析，以确认其核心的原因所在。在日常工作中，问题的分析经常是以会议的形式展开，这就需要经营的负责人能够主导会议。一般在企业的会议中，大家讨论问题更倾向于局域思考，也就是哪个部分发生问题就讨论哪个部分。这种方式较为快捷，但事实经常是出问题的地方并非真实的原因所在。而通过一个第三方人员的引导，可以让与会人员将各种思路统一到已经存在的经营流程图中去思考答案，避免夹杂个人情感因素的判断，毕竟依据事实的判断才最有效果，也最有说服力。

2. 问题分析

问题的分析绝不是靠猜测，经验也有可能走入误区，所以最好的方式就是用排查流程的方法来逐一分析。这就好比一位名医，他也许经验丰富，但要确诊某位病人的病情，最科学也是最保险的方法还是通过各种化验结果来判别。所以在企业经营出现问题时，也需要通过逻辑性的推理过程来确定原因所在。

通过排查经营流程，可以确定问题出在哪一区域，然后根据四维工作法与“先事后人”的原则，一一进行更为细致的排查，找出真正的核心原因。这当中的优先级顺序为：流程——企业架构及岗位设置——岗位工作（资源部分）——员工能力。这四个因素的优先级顺序是按照从大到小的逻辑排列的。问题发生后，首先查看的是流程（本章内容不涉及目标正确与否，只讲述经营执行的相关内容）是否出了问题，其次是看岗位的设置是否合理，再看工作内容的问题，最后才是人员能力的问题。通过这个顺序进行问题分析，在时长上看似会有所拖延，但找到原因的准确性可以提高很多。并且，这种纯粹依据理性思维与逻辑推演得来的结果，可以使类似的错误几乎永远杜绝。记得有一个很经典的案例，美国一名护士给病人发错药后，医院并没有直接对这名护士进行处理，而是排查了诸如工作量的增加、分药流程、药盒包装、家庭等影响因素之后，确认她并非有意如此，而得出了“是因为生活与工作压力的增加导致犯错”的结论。解决方案是帮护士聘请一个婴儿保姆，减轻其生活压力。这个案例中，我们不去讨论人性化的问题，而是可以看到问题的分析过程其实就是一个从大到小、由事到人的一个过程。通过对工作的动作化分解查看，找出流程中的问题，才会让事情的真正原因得以暴露。使除了案例中的护士以外，也避免了其他护士出现类似的问题，这样才算真正将问题解决。如果单纯将问题归结于人的表现，那么这条“看不见的线”中的问题就无法暴露，就算直接处理了相关责任人，问题还是被掩盖在了那里，下一个人也许还会犯相同的错误。

问题解决

问题的解决一般有两种形式：如果问题较小，执行难度不大，则只需要在小范围内自行解决执行即可；如果问题较大，则需要单独立项解决，具体的方式和过程与其他项目类工作几乎无异，都是通过建立一个项目组，制订计划，然后实施改善并有验收检查即可。但要提醒一点的是，改善实施过后要将原有的经营流程图、工作内容、职责、制度等文件进行修订更新。

经营流程保障

在企业正常经营当中，除了针对现有问题的解决，还要时刻关注经营流程的健康情况。前文提到了指定流程负责人的措施，但这只是在岗位层面上，除此之外，建议企业还可以在部门层级与公司层级建立一些额外的保障措施，像是在企业内行成类似于“5S”管理一样的常规动作。部门层级中可以由部门负责人作为实施监督人，确保和部门有关经营流程的正常运行；企业层级可以由单独的部门负责监督全公司范围内所有经营流程的执行情况，一般这类事务可由经营、内审部门负责，除了日常的监督之外，还可以对立项进行的整改项目进行跟进检查，确保改善的效果。

润物细无声

在任何企业中，执行改善、调整工作都不是简单的事情，如果碰到相对复杂的情况，更是阻力重重，这就需要具体的办事人有较高的能力去处理相关的问题。之前文章提供的是在理想状态下的一种解决思路，而实际工作当中肯定要去平衡各级员工之间的关系，协调各种矛盾，这就让所有人都具备统一的共识变得比较困难。其实在具体做事当中还是推荐“润物细无声”的方式来推进，在做任何的变动之前，应该有足够的铺垫，让参与者能在一些看似不重要的事情中逐步达成共识，有了良好的默契之后，改善就会顺畅很多。上文中的前期准备工作，其实就是一个非常好的铺垫时期，通过频繁的沟通与磨合，把这种经营方式进行灌输，将经营流程图等工具变成日常工作的常态表达形式，这样就能在后续的具体改善工作中减少很多阻碍。

经营方式的改变其实是一种思路的改变，同时也将改变整个企业的“生态环境”，这种改变是项长期且艰苦的工作，需要执行者做好足够的心理准备，并能够在执行中讲究一定的策略，坚持推行下去。当公司上下都养成了习惯，形成了固定的思考问题的方式，那么通过改善带来的效果就会逐渐显现出来。

六、关注经营流程才是务实的关键核心

阅读完以上内容，我们都应当意识到，经营流程其实就是企业中产品产出的过程，只有通过这个过程，才能形成最终可以服务到客户的产品。企业管理的最主要目的是要使最终的产品价值变大，所以对于管理来说，关注任何事务都不如关注经营流程更加务实。我把这条流程称作“看不见的线”，原因就是它太过于普通，以至于人们一直忽略它的存在及重要性，可恰恰是这条线实实在在地决定着企业的发展状况。

国内企业在做管理时总是用一种“自上而下”的方式进行，并对此习以为常。比如一提管理，首先就会想到企业文化、产品质量、人才培养等高大上的工作，但在做这些工作的时候，会因为没有可靠的着力点与根基而让人在执行时感到无力。当设定这些工作目标的时候，也多是以想象力和期许作为模板，从未意识到明星企业的那么多优秀特征并不是通过一两个内部运动和口号就能实现的。在具体实施这些“高大上”工作之前，通常会向员工提出各种各样的要求，制定各种规则制度，以为有了制度就可以万事大吉。但在实际执行中却发现漏洞百出，改来改去也无法得出一个最合理的解决方法，最后强调的工作只能流于形式，慢慢淡忘，员工和管理者也会感到尴尬和无助。其实这种现象很好理解，如果套用传统的冰山理论，我们会发现这些高大上的工作其实都是冰山水面之上的部分，这些成果均是通过水面之下的那部分催生得来。一家企业最基本的存在目的就是获得利润，而经营流程作为它的实物体现，就清清楚楚地摆在整个冰山的最下方。企业只有做好经营流程的相关工作，才有可能做好其他部分。

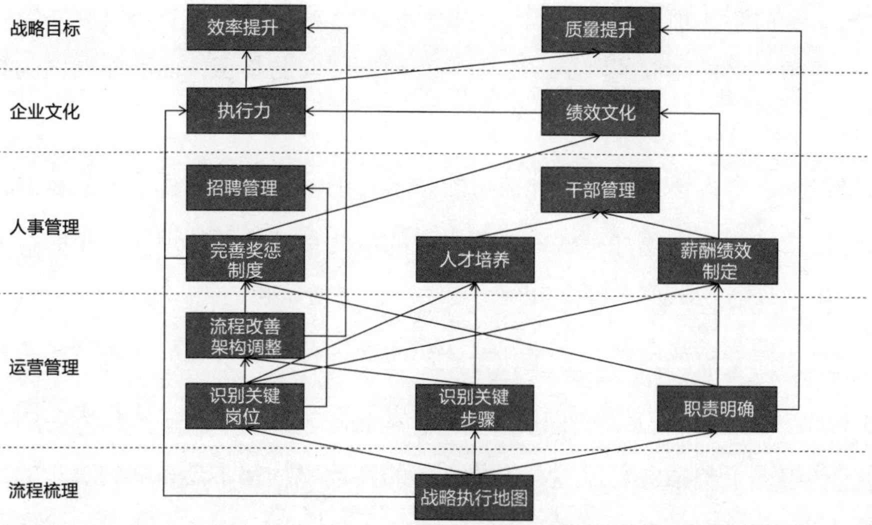

我们总是认为，做企业文化、执行力、干部管理等工作的目的就是赚钱，认为它们才是冰山水面下的部分。其实仔细推敲一下就不难发现，这些工作其实是为了在原有基础之上“赚更多的钱”，而常规的“赚钱”才是原本的基础。做这些高大上工作的目的，是让“赚钱”中的经营流程不断改善，使其产生的价值越来越大，逐步变成“赚更多的钱”的经营流程。所以如上图所示，经营流程其实才是企业中众多工作的起点，其他工作均是以其作为事实依据。也只有这样，其他工作才能真正发挥它们的作用，不会变得虚无缥缈。

世界名著《安娜·卡列琳娜》的开篇第一句写道，“幸福的家庭都是相似的，不幸的家庭都有各自的不幸”，在企业丛林中何尝不是如此！“幸福”的企业从哪个方面看都是那么的光彩照人，各项高端工作都会做得精彩绝伦，而“不幸”的企业则每天都在绞尽脑汁地思考如何推进企业文化和执行力。其实在我看来，是“不幸”的企业走错了方向，很多企业根本还没发展到去担心这些问题的时候。特别是国内一些业绩不好的企业，当业绩出现下滑甚至亏损时，都会做的一件事就是开一个“统一思想”的教育会。老板在台上苦口婆心，想在精神层面唤起全员的共识。其实这些内容和执行层面相去甚远，要想有精神层面的共识，必须先有动作层面的共识，而动作层面的共识就存在于经营流程当中。

告诉一个人该怎么想，他很可能做不对事情；要是告诉他该怎么做，那么成功率就会大大增加。任何管理学说的最终目的都要体现在员工的行为层面上，那又何必去绕“指导思想”这么一个大弯子呢？在一家务实的企业中，无论是沟通交流的内容还是工作方式的改变，都应以具体的流程行为改善作为目的，所有的精力也应集中于那些可以看得见摸得着的事实行为，因为正是这些组成了整条经营流程，除此之外的其他事物都不会影响到真正的价值产出（不可抗力因素除外）。所以说，只有经营流程才是企业发展最真实的体现，关注企业的发展，就是要关注企业的经营流程，对它的重视程度也就代表了企业的务实程度。

以经营流程为核心的经营管理模式的预期效果

1. 行动上的共识与聚焦

当公司上下都在围绕着经营流程去做工作的时候，企业内部就会逐渐形成一种务实的氛围。氛围一旦营造起来，许多原来看似苦恼的事情都会自然而然地解决掉。首先，在有了经营流程图这种可以直观展示的实物后，就使企业内部自然地形成了一种行动共识。通常情况下，在企业中解决任何经营问题之前，都要先达成共识，可是很多人却忽略了共识的价值，就算意识到了它的重要性，也会错认为是思想上的共识，而非是行动上的共识。企业的任何一个会议，都可能变成争吵与对抗，很大原因就是在共识上出了问题，当把这个问题解决之后，工作效率就会提高很多。其次，由于这种共识是行动上的，带来的另一个好处就是聚焦于行动。这种理念就像是程益中所提倡的“现场主义”，所有的问题均出在执行层的行动中，那么处理问题时也应直指行动过程，而不是通过“改变思想”去绕道解决。

2. 降低沟通成本

有了内部公认的集体共识，又使聚焦行动变成了企业的常态化行为，就能极大地降低企业内部的沟通成本。在一家企业中，沟通成本也是经常被人忽略的一项内容，其实它背后代表的是非常庞大的信任成本。举个很简单的例子，比如说审批环节，所有的审批其实就是一种内部的沟通形式，所展示的是企业特有的信任模式，每当增加一个审批环节，就代表着增加了额外的信任成本。在日常工作中，体现沟通及信任成本的地方还有很多，例如邮件和电话确认，反复的沟通和强调，各类宣传会议、检查、考核等。并不是说这些事务都需要取消，但如果能减少一部分，对于效率的提升就有很大的帮助。如果分析一下信任成本的起因，就会发现其实都是源于事务的不确定性。因为没有共识，所以要反复确认彼此的想法；因为不能聚焦于行动，所以需要反复沟通彼此的思路。但当拥有了统一共识的经营流程后，工作中的不确定性就能被极大地降低，而沟通成本及信任成本自然也就随之降低了。理想状态下，比如经营流程中的各项工作内容都能做出明确的描述，我完全有理由相信企业内部可以实现“无沟通经营”。

很多企业倡导的“减员增效”其实也应遵循这个道理，但在实际操作中却没能掌握其要领。在通常的做法中，企业一般都是对部门与员工进行评定与考核，运用诸如“末位淘汰”等方式将人员编制进行缩减，然后让剩余的员工承担起其他岗位的工作，以为“减员”后就能“增效”，其实这是有问题的。首先来说，“减员增效”并不是一个符合逻辑的等式，“减员”和“增效”之间并没有固然的联系，但通过上面的推论，就可以发现其实是“减事”和“增效”才能画上等号。“减事”减的就是那些对于产品价值没有提升的工作，这些工作中包含了大量增加信任成本的无效动作，也只有“减事”才能实现真正意义上的“减员”，否则执行层面就会怨声载道。

3. 实现精益式的改善

以经营流程为中心的经营管理模式不仅能提高正常状态下的工作效率，还能在经营问题解决上起到促进作用。经营流程本身就是一个动作的流程，运用“现场主义”的方式就能发现多数问题，这是它的一个得天独厚的优势。在把聚焦行动当作常态的企业中，任何经营问题的发现和分析过程都不会太长，也就加快了经营问题解决的步伐。在整个经营问题解决的过程中，起点在经营流程，而终点同样是经营流程，自然就形成了精益式的改善。在企业的经营当中，大刀阔斧的改革并不常见，反倒细枝末节处的细小改善是最多的，但正是这些小小的改善，把企业推向了一个又一个高峰。

4. 验证战略目标

经营流程的清晰可见不仅是达成战略目标的最大保障，也是验证其正确与否的试金石。我们都常说，结果才是验证目标是否合理的依据，但结果只是过程的最终产出形态，决定权依然是在过程手中，因此过程才是掌握结果的关键。很多企业管理者没有意识到头脑中感觉的经营流程和真实的经营流程之间是有差别的，所以在设定目标后，没有继续制定细致的经营流程，当结果出来后，就无法对其做出有价值的分析。拥有了一条清晰细致的经营流程，我们就有了准确判断的依据。在结果与设定的目标不符时，也可以清楚地知道究竟是目标设定有了偏差还是经营过程出现了问题。所以说，结果其实是对过程的检验，而目标才是对过程的尝试。

5. 提升管理水平

对于管理者而言，目标固然重要，但过程一样要得到重视。乔布斯时代的苹果公司有个规定，Mac团队不得超过100人，如果有人加入，就必须有人退出。很多人感到困惑，乔布斯解答说：“我最多只能记住100个名字，要是团队超过100人，就会迫使我改变企业架构。那样的话我将没法工作，因为我必须了解团队里发生的每件事。”这就是作为领导者应有的管理意识水平，如同刚才提到的原理一样，乔布斯知道结果的产生是源于过程。作为领导，最大的职责肯定是要产出结果，但在这之前，是要把握好过程。以经营流程为核心的经营管理方式就是在指引和帮助各级管理者把握好产出结果的过程，让其认识到掌握经营流程的正确性与必要性，久而久之，也必然能够提升企业整体的管理水平。

6. 结果的极致体现

掌控流程最为重要的就是能够掌控结果，当经营流程做到完全可控时，那么一定可以得出极致的结果。当人们惊叹于丰田汽车和Dell电脑的流程化、标准化作业时，印度孟买的一群“达巴瓦拉”（便当快递者）却创造了更大的成就。他们的工作很简单，就是每天将家庭主妇为丈夫、孩子准备的午餐通过传统的运送方式从各个方向的郊区送到孟买市中心，但他们将工作流程的标准化做到了极致，比如说几点几分在什么位置交接货物，具体到乘坐哪班公交车。就这样，在每天都有20万份左右送单量的情况下，得到的是完成率接近100%的结果（600万份盒饭才可能送错一份），不仅是出错率极低，而且绝对准时无误，效率远超任何快递公司。他们被英国王子接待过两次，被意大利总统盛情款待，工作方式入选了吉尼斯世界纪录，受邀到众多公司传授经验，甚至哈佛大学有个专门的课题来研究他们，BBC频道还为他们拍了纪录片。这群人的文化水平不高，甚至很多人都不识字，只有15%左右的人上过中学，但就是这群人，靠着对流程的极致追求，造就了这个商业奇迹。从这个案例我们可以看到，在企业的经营过程中，真正起到作用的并非什么科学技术、人才数量，而是一个清晰可见、标准作业的工作流程。设计流程就是为了得到最优的结果，流程的标准化可以让这些结果得以实现，流程相对于结果来说并不起眼，但想得到更好的结果，关注流程绝对是最好的选择。

第四章　客户端的流程与需求探索

一、微观的世界

客户端流程对企业经营的意义

从流程的角度来看，企业的经营管理工作就像是在观察一个微观的世界，它不同于以往的企业管理领域中我们熟知的战略管理、人力资源管理、平衡积分卡等各类高大上的理论和工具，仅仅在于抓住具体行为上现实存在的事务，务实而又微小。通过这个微观的世界，我们可以观察到企业内各种“细胞”的具体行动，从哪里来，到哪里去，像极了在用显微镜观察人体的内部组织。

虽然微观的世界确实存在，但是我们日常看到的却是一个个有机的整体，这是因为在做具体呈现的时候，必须将内部微小的事物以特定的方式进行组合才会便于沟通和理解。就像我们认识染色体一样，每一段都可以单独观察到，但呈现在人们眼前的却是由23对的染色体经过组合变成的人类固定的基因组，也只有完整的基因组才能实现人类的遗传，单独的染色体无法完成这个使命。企业的经营管理也是同样的道理，从微观角度进行经营流程梳理只是观察到了一个没有进行配对的染色体，依靠它并不能使企业的产出形成完整的价值交换。通俗来讲，就好比企业生产出了产品，但没有进行销售，那么无论产品的功能或质量如何优秀，都不能使企业获得利润。

企业之所以存在，是因为产出了有价值的产品或服务，能够作用于客户，满足客户的某些需求，所以在微观世界中，经营流程也就和客户产生了特定的关联，而从流程的角度看到的具体联系，就是和客户端的流程进行了链接。说到这里，可能很多人会有些茫然，我举一个简单的例子进行说明。假设某个运动员要跑马拉松比赛，在过程中因为身体会因剧烈的运动水分流失，所以要在跑步中喝水。在例子中，跑马拉松就是一个客户端的流程，而喝水只是其中的一个步骤，水就是流程步骤中的一个资源，但生产矿泉水的厂家则是把水当作了自己经营流程的结果。跑马拉松和生产矿泉水虽然都是流程，但它们之间却是形成了一个“T”型的相交，通过这种组合方式，就使得企业内部的经营流程和客户端流程产生了链接，得以完成价值的交换（因为在过程中资源不能独立于流程之外而存在，所以可以看作两个流程之间的联系）。通过这个例子，我们就可以很明显地看到，经营流程的最终产物其实是为了客户端流程的顺利进行而服务的，所以在企业的经营管理中，必须还要考虑到客户端流程的内容，因为它的存在才使得内部的经营流程有了价值。

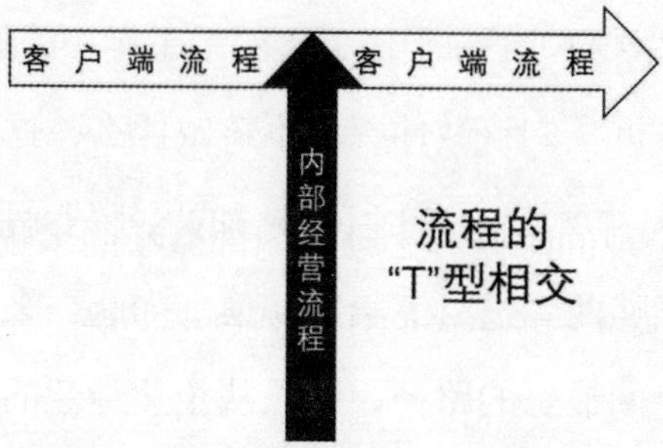

说到这里，可能大部分读者已经明白了，其实经营流程的目的很简单，就是为了实现客户端流程中某个特定的步骤要求，也就是俗称的“满足客户的需求”。而需求作为一个抽象化的事物，它既不是动作步骤，也不是实物资

源，不能存在于流程之中，所以“客户的需求”其实就是客户端流程与经营流程之间的桥梁。由此可见，关注客户端流程的目的，其实就是可以准确地从中推导出客户的需求，并能够将这些需求与企业产生实际的关联，从而形成内部的经营流程。

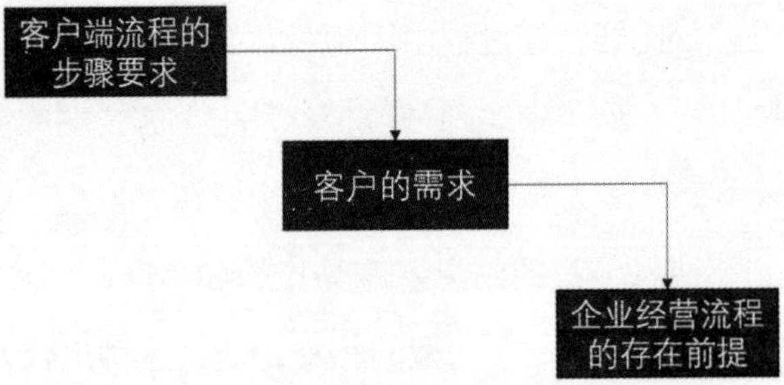

从客户需求到经营流程的路径

通常，在企业中，内部经营流程一般都充当着“二把手”的角色，需要有人指引，告诉员工要做的事情的目标是什么。按照四维工作法的理论，内部经营的工作主要负责的是流程和资源的部分，在此之前，要有明确的目标作为指引，而目标的由来则是源于任务（四维工作法的思维顺序）。任务的作用就是选择方向，告诉我们该做什么和不该做什么，这和客户需求的作用是相同的，都是代表着导向性，它们之间唯一的区别只是所处的视角不同而已，只要稍加变动，就能让两者进行完美的切换。如此一来，任务就成为客户需求与企业经营流程之间最好的路径，所以从企业经营的角度来讲，任务就变成了客户需求的代名词。

想明白了这个问题，也就能明白四维工作法中“任务”的含义：任务就是“客户端流程中未能实现的步骤所演化出的客户需求的一种企业内部表达方式”。这句话比较长，所以依然用跑马拉松的例子来说明一下：运动员在跑步的过程中感到口渴，想要喝杯水（假设比赛并未提供水），那么喝水就是客户在跑马拉松这个流程中还未能实现的步骤。这里，客户的需求就是“在跑马拉松比赛中可以喝到水”，得到这个需求后，企业将其翻译成了经营中的任务，这句话就变成了“公司要为参加马拉松比赛的运动员提供矿泉水”。在这之后，就可以将任务继续转化成企业内若干个具体的经营目标，并展开形成一系列的经营流程。

在之前的文章中，我对流程、资源和结果都进行过详细的描述，唯独没有对任务进行说明，主要原因就是任务的来源并不在我们关注的内部工作流程中，这对“寻找任务”来说提高了不小的难度。但通过逐步的分析，我们发现任务的来源和其他要素一样，也是有迹可循的，其关键点就是要能够从客户端流程中推导出有用的需求信息。因此，要想发现任务，就必须找到客户需求，而要找到客户需求，就需要在客户端流程中去仔细摸索。

关于“T”型相交的一个引申思考：流程“网”

在上述文章的推理过程中，我们得到过一个结论，那就是：流程最后产出的结果只是为了完成客户端流程中的某一个步骤。这就像是工厂中的流水线，无论是人工的还是全机械化的流水线，都是将不同的工序进行排列组合，然后产出一个完整的商品。其中某个工序的工作就是一个小流程（多数因为过于简单，所以仅以步骤形式存在），这个小流程的产出结果只是为了让整个流水线的流程中的一个步骤得以顺利完成。如果继续沿着这个思路思考，就会发现流水线这个流程的结果可能也是为了完成另外一个流程的步骤，比如说流水线上产出的商品可能还要经过包装、检验、运输、销售等流程。这个现象就可以说明，不同的流程之间其实是有着不断相交的特点，它们不会单独存在，总是以“群居”方式形成一张流程“网”。

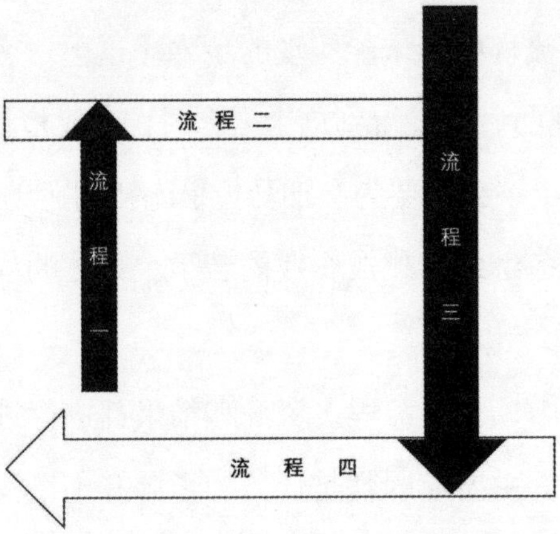

在上文中，我为了方便理解，只是用“T”型相交的特点阐述了客户端和企业经营这两个流程之间的关系，但并不代表企业内部和客户之间只有这两条流程，他们之间同样是有着许多大大小小的流程，并组成了“网状”的结构。理解了这个原理，就能让我们对工作流程的逻辑有一个更为清晰的认识，这在工作的分类、计划以及人员管理中可以起到极大的作用。比如在企业内可以运用这种逻辑，将所有工作流程进行重要程度上的划分或是识别关键流程等，以便合理地安排工作，达成更为精准地掌握过程的目的。

诗人北岛有一首著名的一字诗叫《生活》，其内容就是“网”。他想说的是生活就像一张网，里面错综复杂，同样的道理用于描述企业的经营管理也是那么的贴切和真实。面对生活这张“网”，我们可能无计可施，因为里面的因素太多太杂，但对于经营管理的这张网，却可以通过微观视角，以流程当作丝线来厘清这其中的脉络，使我们在不同的工作中可以出色地扮演好企业赋予自己的各种角色。

二、消费体验过程与客户需求

客户的需求不只在产品中

前文中我们已经知道了，客户的需求其实是和客户端流程有着直接的关联，那对于企业来说，接下来要做的就是在客户端流程中去搜集这些需求，然后将它们实现，最终完成价值的交换。但在进行这个工作之前，我们首先要厘清的一个误区，那就是“只有产品在满足客户的需求”。虽然在“马拉松”的例子中我一直用“矿泉水”来进行说明，但要避免认为客户的需求只存在于企业所提供的最终产出中，因为这是一个非常错误的认知。

从财务角度来说，利润=收入-成本-费用，收入是利润来源的主因，它是通过为客户提供价值、满足客户的需求来实现的，这是一条企业经营的基本逻辑。想要增加收入，最先想到的就是增加为客户提供的价值，只是通常来看，收入都源于最终的产品或服务，所以会让人误以为所有的价值和需求只会在产品中。按照常理来说，企业的所有岗位都应有它的价值，而且这个价值的最终目标就是客户。换言之，企业中的所有工作其实都在为客户提供着价值，并满足着客户的需求，只是这种情况比较容易被忽略罢了。比如客户购买一件大额的商品，现金带得不足，需要通过刷卡支付，那在这之前就需要财务人员进行相关的准备。财务人员做的这些工作，其实就是为客户提供了价值，因为它满足了客户“购物时可以不用现金”的需求。通过这个逻辑推理，我们就可以看到，虽然价值的来源与客户的需求并非全部来自产品，但是却将所有价值产生的收入都附加到了最终的产品上，这就让非产品的工作价值和客户需求被隐性化了。所以我们一定要避免陷入这个误区，明白企业中有价值的工作并非只是和产品相关的部分，客户的需求也不只在于最终的产品当中。

在这一点上，做得好的企业非常多。比如我们熟知的苹果公司，它的实物产品非常优秀，大受市场欢迎，但Appstore却是在此之外能够满足客户需求的重要组成部分，并且通过这些服务类的项目，很多时候给苹果公司带来了超过产品方面的收入。从这一点来看，苹果公司是真的了解“客户的需求不只在产品中”这一概念，他们明白客户需要的不只是一个“运行流畅的手机”，还需要“多种多样的App”。虽然企业自身对于手机App的研发能力有限，但还是能够通过平台的方式为客户解决这些需求，与此同时也就提供了更多的价值，为企业创造了更多的收入。

消费体验过程

理解了客户的需求不只在于企业最终的产出中，就为客户端流程中的需求搜集打破了限制。自此，我们的关注点也就从“客户对于产品的需求”这种单一的联系过渡到了“客户对于整个过程中的需求”上。而这“整个过程”就是之前所讲的客户端流程。但从探索客户需求的角度来讲，流程并不是我们所追求的目的，它只是一个工具，所以这个过程我称之为“消费体验过程”。

“消费体验过程”的含义有三点：第一，客户作为一个独立的个体有许多流程，但我们只会去注意那些和企业有关的，限定了范围；第二，客户与企业之间的最大交集就在于消费领域中，锁定了具体区域；第三，是为了突出客户端的视角，体现感性因素（需求）的存在，强调这个过程的作用。

“消费体验过程”的提出，不仅因为它是特定客户端流程的一种表达方法，而且还为我们快速搜寻客户需求提供了有效思路。这和之前讲的四维工作法非常相似，都是运用流程解决工作问题的一种方式，只不过这两者所处的视角和关注点不同。前者主要是针对企业内工作过程的解析，强调的是事实行为，而后者更偏重于观察客户的行动轨迹，着重于搜寻那些由感性因素引发的需求。并且和四维工作法中的公式一样，消费体验过程也有它的独特表现形式，但相对于公式来说就简单多了，因为它只是由两个事物所组成，一个是消费过程，另一个是环节体验，它们的组合方式如下图所示：

1. 消费过程

消费过程是整个消费体验过程的骨架，内容重要但并不繁多，理解起来较为简单。简单来讲，就是从客户开始有了一个特定的需求到购买、使用等全部行为步骤的总称。如果将这些步骤进行总结分类，那么可以分为六个环节：产品需求察觉、寻找、意向确定、购买、使用及维护。因为任何和企业发生交集的事务均在这六个环节的范围内，所以这个过程对于所有客户端流程来说均是相同的，因此消费过程可以视作固定的状态：

产品需求察觉：指客户碰到了一些困难，察觉到了某种需求，并找到了一个具象化的解决办法，明确了自身的产品需求。举例来说，小明在玩手机游戏，但手机屏幕很小，玩起来不痛快，而且由于系统原因，游戏运行不顺畅，经常卡顿，所以要换一个新手机。在这个例子中，他碰到的困难就是手机屏幕小，游戏运行不顺畅，需求就是手机屏幕大并且运行流畅，而具象化的解决办法就是换一个手机。通过这个环节，客户就很明确地知道自己需要一个什么样的产品，也就是将个人的需求转变为了产品需求。

寻找：有了定向的产品需求，就会开始收集一些相关信息，寻找符合自己需求的产品。在案例中，小明已经明确了自己需要的是一个屏幕大而且运行流畅的新手机，就会开始通过各种渠道寻找自己心仪的产品，比如说上购物网站、去专卖店或者是由朋友介绍等。

意向确定：经过多方咨询，并且比较多款机型的参数和性能后，小明看上了一款新上市的手机，决定就买它了。这个环节就是意向确定，它代表着产品需求的确定，变成了指定的一个商品或服务。

购买（含交付）：这个环节是客户与大多数企业产生实质交集的第一个环节，无论交易的方式如何，这个环节都被企业认定为最重要的环节。也是从这里开始，企业与客户才开始达成交易。

使用：客户购买完企业的产品之后就是使用的环节，这也是企业最关注的部分。因为自这个环节开始，客户对于企业和产品的体验最为注重。

维护：产品在使用过程中可能会出现各种问题，需要企业提供有效的支持，比如手机可能出现了各种故障，需要找厂家进行维修服务，所以维护的环节依然是消费过程中的一部分。

2. 环节体验

“体验”这个词现在几乎成了代表客户感性反馈的专用表达词汇了，大家一定不陌生。“MBA智库”对它的解释是：“体验是指对某标的物的领悟，及感官或心理所产生的情绪。”从这个解释我们可以了解到，客户的体验是指一个人在使用产品或享受服务时体验到的感觉以及认知。它与客户需求之间有一根天然的纽带，两者始终呈现出正比的关系。如果体验好，那么就代表着客户很满意；如果体验差，就预示着一些需求被忽略了，这是人的天性，无须论证。所以对于寻找需求来说，真实的体验效果就是最为重要的衡量指标，和四维工作法中“任务”的效果一样，它也变成了客户端流程到客户需求之间的路径。

但体验是一种比较泛泛的概念，多数情况下只是整体使用完产品或享受服务后的感受总和，它所代表的好坏虽说可以代表客户的满意程度，但具体的步骤优劣却不能直观地显现，所以只有把它当作某一个步骤的个体才能准确地解释。这就像我们经常会碰到的一种情况，对一个事物的整体感觉是好或不好，但究竟是哪里好或者是哪里不好却不能准确地讲出来，只有把体验进行放大，放置到个别步骤上，才能得出真正的评价。所以我认为，通常所说的体验应该是种“综合体验”，而描述消费过程中某个环节的综合感受应该叫作“环节体验”。依此类推，由单个步骤所反馈出的体验就应该是“步骤体验”，这样就能对应到前文所说的寻找客户需求要在单个步骤当中的说法。环节体验与步骤体验就像是“流程与步骤”的关系，一个环节体验中包含了若干个步骤体验，因此众多的客户需求也就同样蕴含其中。

综上所述，环节体验其实包含了两种事务，一个是环节的流程，另一个是流程中每个步骤的体验集合。在消费体验过程中主要强调的并不是流程的步骤，而是体验的效果，所以在单个环节的表达上用“体验”代替了“流程”，这样就从功能上与其他流程做出了区分。

3. 通过消费体验过程对需求进行全方位的搜集

消费体验过程把客户与企业可能存在的所有交集都进行了归纳和总结。通过流程梳理的方式，可以将客户的真实状态展现在企业面前，这就为寻找确切的客户需求做好了铺垫。以往寻找客户需求的方法多是以“点”的形式存在，谋求的是能够绕过所有的过程直接找出结果，这种方法多以经验、运气、机智等作为实际的推动力，并且体现于产品需求的内容居多。而通过消费体验过程的梳理，可以为我们提供一个更具有逻辑的思路，从而将客户的需求进行清晰的罗列，帮助企业找到可以创新的方向。

假设我是一个卖投影仪的厂家，如果只是考虑了产品这一项内容，那么对于客户需求的搜集就仅仅限于“好用的产品”和“有维修”上面。而如果是通过消费体验过程来寻找需求，那就要对消费过程中的所有环节都进行一次细致的思考，并考虑到客户在每个环节中的体验感受，这样就能得出许多新的需求：比如说买的过程是否方便？购买方式是否满足手机支付？买了投影仪后幕布是否需要购买？摆放投影仪的桌子高度应该是多少？投影仪买回去后的保养该怎么办？定期的检查时间是多少？是否有擦拭镜头所用的特殊布料？平时不用的时候，为免尘土过多，投影仪该存放在哪里？

从上述问题我们可以发现，在产品的周边实际上布满了各种隐藏的客户需求，如果企业能够急人之所急，把这些客户潜在的需求在所提供的服务中解决掉，那这家企业绝对可以在众多同行中脱颖而出。消费体验过程就为我们提供了这样一种视角，对客户端的流程进行全方位的探查，将需求做系统的整理，以便为其提供更多的价值。

三、消费体验过程对于企业经营的作用

在上文中，我们已经对消费体验过程进行了展示。顾名思义，整个过程就是客户在消费中的完整动作与体验的集合。这个过程的起点到终点涵盖了客户从开始只有一个想法到最终使用和维护的全部动作环节，每个环节包含了若干个可产生步骤体验的详细动作步骤，使单一的环节可以演变为一个纵向的流程。通过观察消费体验过程，我们就能从客户的视角来观察到企业对于客户端的所有影响，这对于企业自身经营的调整和完善起到了至关重要的作用。就好比之前谈到的那个消费刷卡的问题，如果企业仔细观察了客户在消费过程中的“购买”环节，就会发现客户刷卡的这个需求，并提前在企业内部设定好对应的解决方案。对于这些因客户需求而制定的内部工作，我将之称为供应工作。供应工作的设置目的是满足客户在消费体验过程中各个环节的需求，这些需求的满足情况可以直接影响企业的经营结果，这两种事物之间的关系如下图所示：

客户	消费过程					
	产品需求察觉	寻找	意向确定	购买	使用	维护
企业	供应工作					
	提供满足需求的产品	产品推广	超出客户预期	收款、交付	产品使用体验良好	售后服务

如图所示，供应工作中的各个模块就是针对消费体验过程中的环节对应设置的，而从这些工作的内容来看，会发现这些内部的工作又恰巧基本涵盖了运营流程中的战略执行工作。由此推论，企业内部的运营流程从某种程度

上讲是根据外部客户的消费体验过程而制定的。根据这个推论的结果，就可以看出企业内的经营流程其实是在满足客户的部分需求，那么所有的工作就应该在各个类别的供应工作中体现出作用，这也就为大部分岗位及工作的重要程度提供了重要的判断依据。

综上所述，对于探索消费体验过程在企业经营层面上的作用，我们可以理解为它是企业内部经营工作的一个参照物。当企业把整个过程中的环节都视作自身需要做的工作时，内部的经营活动就会更加偏向于满足客户的实际需求，这对于企业的经营结果会有极大的利好作用。

这一点可以从营销业务的角度进行完整的解答。还是用一个小例子来进行说明。假设你的老板让你去采购一台计算机，那么在需求发生变化的情况下，你在购买商品时就经历了三个比较明显的阶段：注重产品阶段、考虑偏好需求阶段和附加价值阶段。

如果你只注重产品，只要买一台质量过关的计算机，并且有维护保障即可。

如果考虑到了偏好需求，你会在计算机的外观与品牌等问题上做点文章，根据老板的偏好进行选择性购买。

如果考虑到了附加价值，那么你在同类型的产品中会选购那个赠送配件或者是有打折活动的卖家。

从这个例子我们可以发现，客户的需求一直是在呈增长的趋势，而作为卖家，他要做的就是不断改变内部的工作，去满足这些增长的需求。第一，我们看到的注重产品阶段，其实只是关注了消费过程中的“使用”和“维护”这两个环节，那么卖家只要在进货时把握质量关即可。第二，到了考虑偏好需求的阶段，又满足了一些“产品需求察觉”环节中的需求，所以需要卖家拓展经营规模，代理更多厂商的产品。第三，在附加价值阶段又添加了“意向确定”上的考虑，需要满足客户“性价比”的需求，这就迫使卖家要增设额外的营销工作。

通过以上分析，我们看到卖家一次次工作内容的调整其实都是在满足更多的客户需求，这也就变相拓展了目标客户群，最终得以实现销售额的增长。如果我们把这种发展趋势继续延伸，在引入消费体验过程的概念之后，就会发现这种调整将更加彻底。

消费过程 / 商业模式	需求意向	寻找	意向确定	购买	使用	维护
产品					注重	注重
需求	注重				注重	注重
附加值	注重		注重		注重	注重
消费体验	注重	注重	注重	注重	注重	注重

消费体验过程概念的引入，是对企业自上至下工作的一个全方位的调整，这个方面做得最好的应该就是苹果公司了。如果我们仔细研究下苹果公司的经营方式，就不难发现，他们的工作的确是满足了客户在消费过程中各个环节的需求。以大家比较熟知的苹果手机发售举例，在产品售卖之前，作为一个消费者，我们在各个环节的需求是这样的：

产品需求察觉——可以解决现有需求的产品或服务

寻找——快速、准确地找到

意向确定——产品性能优越

购买——快捷、安全、多样化、价格低廉

使用——完美解决需求

维护——快速、完全解决

针对这些需求，苹果的做法显然就很高明。首先，苹果手机向来就是手机行业的标杆，特别是iPhone 4，一问世就被称作划时代的产品，在它出现之前，几乎所有人都不认为手机可以是这种样子（仅以国内市场为例）。这就挖掘出了客户对于手机的潜在需求，被动地使消费者察觉到了产品需求。在寻找环节中，苹果运用了发布会的形式，并加以大量的新闻造势，造成一种“盛会”的感觉，提升客户的关注度。苹果产品的销售模式还勇于创新，建立专门的体验店，让客户在未购买之前可以先进行体验，通过优越的产品性能快速锁定了客户意向。而客户购买的方式也是多种多样，不仅可以在实体店和官网订购，还可以在各个运营商处选择合约机，增加了多种购买渠道。在使用环节就更不用说了，优质的产品体验在业界始终处于领先地位。维护环节也是让大家眼前一亮，除了维修以外，还会提供整机包换的服务，大大超出了客户的预期。

苹果公司所做的这一切，让很多人在那个时代觉得不可思议。比如说为手机的上市专门开一个发布会，体验店的售卖模式，与运营商的合作，整机包换服务，等等。但在如今看来，这些已经变成了不成文的规则，几乎所有的手机厂商或多或少都会采用这些方式进行销售。所以在手机这个领域，客户的需求已经拓展到了消费体验过程当中，也使得所有手机厂商基本默认了需求不只在于产品中这一事实。

通过以上叙述，我们就可以清晰地认识到消费体验过程对于企业经营的帮助是多么的巨大。首先，它把企业从单一关注产品的陷阱中解救出来，尔后又为企业内部的经营活动提供了具体的指导，所有这一切都让企业在没有察觉的情况下很自然地就把目光投向了客户。华为总裁任正非曾说过一句名言，大意是“员工要脸对着客户，屁股对着领导”，希望公司上下以客户的需求为先。这句话非常正确，但在很多企业中却是“说起来容易，做起来难”，这其中的原因我认为并不是员工在意识上有什么差错，而是在方法上出了问题。要让员工找到客户的需求，最重要的一点是给其指明一个观察的视角，让他知道需求从哪里来。客户只是个人，如果不能从他和企业的交集入手，则对经营没有任何益处，光盯住客户就像是“王阳明格竹子”，这对企业的发展而言不能提供任何帮助。消费体验过程把客户和企业的关联做成了一幅“地图”，这就使员工在观察客户时有了具体的目标，再经过细致的分析，就能实现真正的“面向客户思考问题”。所以对于企业来说，探究消费体验过程才应该是面向客户的正确姿势，同时这也是经营活动的起点，了解并掌握它的方法是所有管理者的必修课程。

四、如何在消费体验过程中寻找需求

体验的作用

通过前两篇文章的介绍，我们可以得知，消费体验过程的作用是寻找客户的需求，但需求的寻找并不像四维工作法中流程步骤与资源的一对一关系，可以直接展示在我们眼前，原因就在于需求是存在于“未完成步骤”当中。这个概念在本章的开篇中就有过介绍，“未完成步骤”我们还可以称其为“未变成现实的步骤”，其实无论叫法如何，都代表着现在是一个“不存在的步骤”。对于这种非现实的事物，如果光凭观察现实事物，是没有办法准确地描述出来的。比如马拉松运动员在比赛中想喝水，但作为观众的我们，无法通过观看的方式判断出运动员是否口渴，所以需求的发现是不能通过直接观察步骤动作而得出的。

不能通过现实存在的步骤进行直接的推理，这就让寻找需求的过程提高了难度。虽然说难度提高了，但也并不是没有办法，关键点就在于消费体验过程中的“体验”。也就是说，正确方法是通过体验作为中间的媒介，挖掘出消费体验过程中的需求。这就像很多的创新都是从生活中发现不合理的现象，然后去努力尝试改变一样，体验的作用就是发现这些“不合理”的最优元素。

在消费体验过程的流程里，每个步骤有它自身的步骤体验，而这里的体验状态就可以标示出这个步骤是否合理。如果步骤合理，那么这个步骤的体验就好，也就是客户的需求是被满足的；如果步骤不合理，就预示着还有改善的空间，而可改善空间的存在就代表着需求的存在。

环节中流程	步骤体验	客户需求满足情况	可改善空间
步骤一	极差	极差	极大
步骤二	差	差	大
步骤三	一般	一般	一般
步骤四	好	好	小
步骤五	极好	极好	极小
环节体验	一般	一般	一般

客户调研的陷阱

说到探究需求的满足情况，可能很多人会马上想到可以去做客户调研。这的确是一种方法，但我发现，在多数的实际工作中，它的表现不尽如人意。因为通常在做调研的时候，60%左右的被调查客户会告诉你不知道；25%左右的人会碍于情面或是不在乎得出肯定的答案；10%左右的人则更可怕，给出的是误导信息，这些误导信息包含了错误的以及个性化的信息。比如说，当对短途航班的乘客做调查时，他会说座位空间应该加大，甚至可以平躺。这就是个性化的信息，因为想要大空间座位完全可以买头等舱的机票，而不是将飞机上的座位都进行改装，毕竟大多数短途飞行的乘客并不在乎座位空间的大小，这样票价会下降，座位也会卖得比较多。最后经过讨论发现，最终可能只有5%左右的客户才会提供真实有用的反馈信息。

我一直认为客户调研是项急需改进的工作，如果是想提升专业水平，或者做一项专业改进的调研，应该去问的是专业的人，而不是大众。在做客户调研的时候，大部分客户并不是专业的，虽说满足的是他们的需求，但他们却往往不了解自己到底要什么。这种情况和一个笑话非常相似，当你问女朋友想吃什么的时候，她永远都会回答你“都行”。只有在你具体问她是吃火锅还是川菜时，她才能告诉你，这个不吃，那个不吃。客户也是如此，很多时候他们根本就不知道自己想要什么，当企业面对的是这种情况时，剩下的就只有“猜测”这一条路能走了。

其实对于需求的探索，乔布斯可以称得上是“大家”。他在做产品的时候也是处于相同的境遇，但依然可以向世人展示他的杰作，所以在这方面，我们可以多多向他学习。话说苹果公司有个笑话，大意是乔布斯从不做客户调研，因为按他自己的话说，每天早上起来照照镜子就知道客户想要什么了。如果你只把它当个笑话，那这段话就没多大意义，但如果仔细思考一下，就会发现这里蕴含了一个非常正确的理念：自身体验更为有效。这样的自身体验其实是种绝佳的方式，类似于日常所说的换位思考，或是说站在对方的角度去考虑问题，需要的并不是让客户把他的需求“告诉你”，而是自己化身成客户进行体验，从一个“专业客户”的角度来发现其中的不足。

人与人之间是不同的，但还是会有很多相同的东西存在。如果做个减法，把不同的东西都减去，那剩下的就只有相同的东西了，而这时候你所想的也正是别人所想的，所以这种通过“成为他人”来寻找需求的方法，对于多数人而言都是适用的，并且无须纠结自己是不是“乔布斯”。人们总是认为“成为他人”是聪明人才可以做的事情，其实不然，越朴实的人可能做得越好。因为这种方法首先要做的就是放下“自我”的身份，这其实是件很困难的事情。能做到这点依靠的是踏实，而不是聪明；需要的是舍，而不是得。因此朴实的人更能“一板一眼”地扮演好客户的角色，观察每个步骤，着眼于事物的共同点，而非那些天马行空的个性化需求。

在消费体验过程中寻找需求

在坚定了“自我体验”的正确性后，我们就可以进行需求的寻找了。运用的方法和常规的流程梳理类似，都是以行动步骤为单元进行展开，然后从中找寻客户的真实体验及需求所在。这里，我用一个“手机应用程序下载并使用”的实际案例来进行阐述，选用的样品是早期的智能手机，理由是这类手机的使用流程可以明显地区别于现在流行的智能手机，通过对比可以从侧面反映寻找需求的过程。

早期智能手机的应用程序下载并不像如今这么方便，那时没有“Appstore”或“安卓商店”一类的产品。要下载手机应用程序，需要先使用光盘在电脑上安装手机配套软件，然后才能在计算机端完成相关的操作。并且，因为厂家在应用程序相关工作中的精力有限（所有手机程序均由厂家负责制作），所以这个过程中的出错率较高，经常会碰到下载、安装或使用上的问题，导致客户体验一向不好。以下就是针对这一过程的具体分析：

流程步骤	供应工作	步骤体验	不满原因
连接计算机	手机配套软件光盘	差	光盘丢了、不想用计算机怎么办?
点开计算机软件		一般	计算机坏了怎么办?
寻找应用程序	应用程序研发	好	害怕找到的不是自己需要的
寻找不到应用程序		极差	为什么没有?
点击下载	需要程序保存至计算机后，由计算机导入手机	差	太麻烦了或者不会!
不可下载		差	那你放上去干吗?
安装	点击手机安装程序	一般	下载后找不到或者我不会

（续表）

流程步骤	供应工作	步骤体验	不满原因
安装出错		极差	前面的事情都白做了！
打开菜单	菜单键	一般	按键出问题了
寻找选择程序	按键	一般	太费时间了
打开程序	按键形式、指示笔	一般	用得好麻烦
程序使用	按键形式、指示笔	好	用得好麻烦
使用有错误		极差	前面的事情都白做了！
完毕退出	点选应用程序退出键	差	退出好麻烦！
再次使用	重复打开菜单至使用	差	程序使用和进入要重新开始！

在这个过程中，从程序下载到使用过程都会发生问题，所以整个过程的体验就非常不好。这个分析的重点在于体验之后的“抱怨”，也就是我们所说的体验差的原因。通过这些原因，我们就能自然地发现蕴藏在其中的客户需求。

流程步骤	供应工作	步骤体验	客户需求
连接计算机	手机配套软件光盘	差	无须使用计算机
点开计算机软件		一般	连接计算机后自动弹出
寻找应用程序	应用程序研发	好	提供程序预览服务
寻找不到应用程序		极差	提供非常多的应用程序供选择
点击下载	需要程序保存至计算机后，由计算机导入手机	差	直接下载到手机中
不可下载		差	平台程序经过严格审核，保障使用
安装	点击手机安装程序	一般	自动安装
安装出错		极差	平台程序经过严格审核，保障使用
打开菜单	菜单键	一般	—

（续表）

流程步骤	供应工作	步骤体验	客户需求
寻找选择程序	按键	一般	所有程序均在桌面，缩短寻找时间
打开程序	按键形式、指示笔	一般	触摸打开
程序使用	按键形式、指示笔	好	触屏使用
使用有错误		极差	平台程序经过严格审核，保障使用
完毕退出	点选应用程序退出键	差	一键返回桌面
再次使用	重复打开菜单至使用	差	后台运行不间断，触摸打开

经过这个过程，我们可以发现客户需求的发现过程其实比较简单，仅仅是通过体验这一个因素，把步骤中的问题进行暴露，进而翻译成客户的需求即可，这中间的过程可以说几乎没有什么难度。在这个基础上，企业通过这些非常明确化的客户需求，就可以得到产品需要改善的内容，这些也就是企业内部的创新工作。当这些工作完成，就预示着新产品的诞生，客户的消费体验过程也就随之发生了改变。

新流程步骤	步骤体验	新供应工作
打开应用商城（Appstore）	好	手机搭载软件或网络下载配套软件
寻找应用	极好	数量庞大的应用程序，并分类排行、推荐，提供预览
点击下载	好	一键下载安装
点击使用	好	所有程序均在桌面，触摸打开
程序使用	极好	触屏使用，屏幕较大，速度较快
完毕退出	好	一键返回
再次使用	极好	触摸打开，后台运行使用不间断
体验过程	好	购买意愿：好

在这个“手机应用程序下载和使用”案例中，光靠图中的这几个客户需求项目肯定不能直接做出如今的智能手机，还会有其他方面的需求发挥着作用，这里只是列举了其中一点作为案例，主要表达的是借助体验寻找需求的具体过程。

在这个过程当中，最重要的一点是找出每个步骤的体验情况。虽然体验这种较为感性化的元素可以说因人而异，没有特定的标准答案，但如果对其加入一些质疑的设定，马上就可以反映出一些真实的客户需求。经常有人说，创新的前提是质疑。我非常认同这种观点，但也要注意的是，质疑的对象是什么。就像之前所谈到过的“综合体验”一样，如果是对一个事件或事物进行整体的质疑，那么得出确切答案的概率就非常小，只有对消费体验过程中的单个步骤进行质疑才能定位出问题所在。所以，要想找到客户需求，就需要勇敢地对体验给出“差评”，而这一切都要在流程的世界中进行探索。

五、客户需求的深度挖掘

需求的显性与隐性特点

在案例推理的整个过程当中，我们可以发现需求其实一直存在，只是很多时候客户说不出来而已，但并不代表企业不能发现这些需求。只要通过流程式的分析方法，这些需求也是可以显现出来的。所以这也能断定了需求其实有两种特点：一种是显性，一种是隐性。

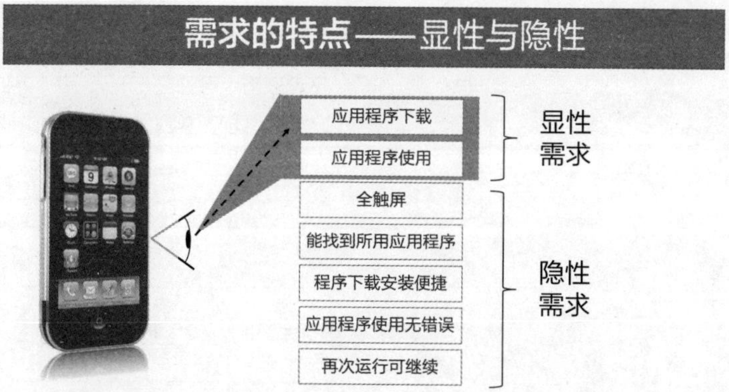

需求是一直存在的，只是有些是显性，有些是隐性而已。如果企业想在市场中独占鳌头，那么这些需求就都要满足。当需求是显性的时候，很容易就能进行收集，并且马上做出改进方式；当需求是隐性的时候，这就需要在之前做一个工作：代替客户去发现需求。事实上，乔布斯就是这么做的，而这也是案例的精髓所在。

消费体验过程的探索，就是代替客户发现需求的一种方式。通过客户端中的那条“看不见的线”，来挖掘客户不为人知的隐性痛点。首先，通过模拟客户端的流程，按照客户逐个的动作步骤进行排查，完全可以达到“化身成为客户”的效果。其次，根据已经掌握的“供应工作”的信息与之进行对比，就能直观地反映出详细的体验效果。这种方法的优势是：省去了客户调研等烦琐的环节，从企业直达客户。就像是商业中的“直销”模式那样，没有任何的“中间商”，这就让企业和客户都得到了“实惠”。

需求的二次发现

说到需求的时候，很多人都会想到马斯洛的需求理论，在消费体验过程中探索的也是需求，所以这个理论在这里同样适用。在手机的案例中，我们只是根据行动步骤来逐一进行需求的分析，如果这时把马斯洛的需求理论加进来，就可以把隐性需求发掘得更加全面。

流程步骤	供应工作	步骤体验	不满原因（可补充）马斯洛五项需求对比		客户需求
连接计算机	配套软件光盘	差	自我实现	不想使用这个软件	第三方程序
			尊重	不想用计算机	手机搭载程序
			社交	不同品牌型号手机不能通用	本公司所有产品通用
			安全	光盘丢了怎么办	网络下载
			生理	不会或计算机不能安装光盘	网络下载

通过上图来看，一个需求其实可以演变成多个需求（有些理论认为马斯洛是七项需求，可根据偏好自行添加），这是因为通过马斯洛的需求理论，我们发现对一个事物进行多角度的观察，就能从中发现更多的隐性需求。

通过上图的分析我们发现，客户的需求也呈现出多样化的趋势，这其实对于企业来说是种挑战，可能因为各种各样的问题，会让企业在经营当中对这些需求的满足要做一些抉择。比如苹果公司可能因为版权的问题就不会做个“第三方程序”，以满足所有品牌手机的使用需要。但是需求仍在那里，它不做就会有别的企业来做。在苹果手机刚刚问世的那个时间段，各类手机厂商可以说是百花齐放，它对于“手机应用的下载和使用”并不像现在这样统一，所以类似于“91助手”这种可以支持多种类型智能手机系统的平台产品便应运而生。这类产品就抓住了上图中所示的“不同品牌”“第三方程序”的需求，制作出了相应的产品。

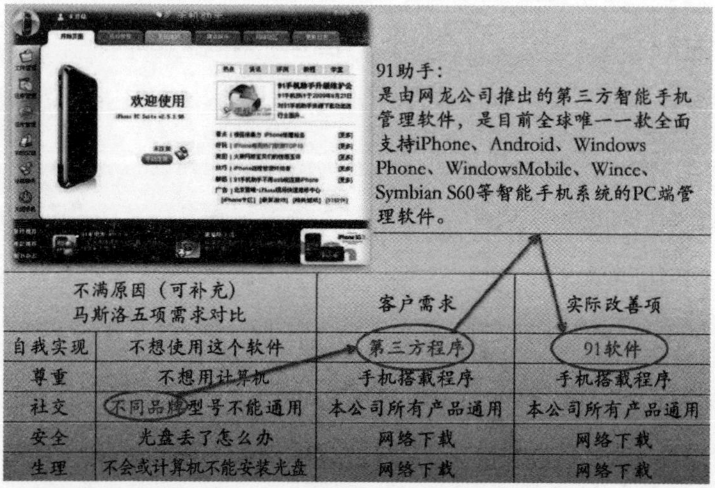

看到这里，很多人肯定又有一个疑惑：难道这些需求只能让别人做吗？其实不然，所有满足需求的工作企业都可以做，只是大多情况下因为精力有限，所以需要先满足那些最为棘手的需求。等到完成之后，如果还有多余的精力，再去满足其他方面的需求。比如说在这个案例中，苹果公司完全可以单独成立一家小公司，独立制作一个第三方的系统平台，只是因为已有的工作还没完成就被其他公司发现了这个需求，被抢先做出来了而已。这和“时间管理”的理论较为相像，都是一种顺序排列的准则，只不过这里的对象是客户的需求，而在时间管理中的对象是企业内部的工作而已。

对于需求的舍与得

在完成了需求的二次发现后，我们发现客户需求的数量会变得非常庞大，这时候就要面对另一个问题：这么多的需求，难道都要去满足吗？如果都要满足的话，工作量会非常庞大，这是任何企业都难以承受的。

要解决这个问题其实并不难，只需要在所有的需求当中作出取舍，把一些无效的需求除去即可，所用的方法就是去判断它是“基础化需求”还是“个性化需求”。在本节内容的开篇讲到了需求分为两类，一个是显性的，一个是隐性的，但不管是显性还是隐性，都会有基础化与个性化之分。基础化的需求所代表的特点是：适合大多数人通用、非个性化、非完美体验。企业在面对任何需求的时候，都要以满足基础化需求为先为重，这对经营来说可以达到事半功倍的效果。

举个例子来说明其中的原委。多年以前，摩托罗拉还是手机行业的老大，公司中的一个工程师要去百慕大海域中一个人迹罕至的小岛上度假。他的妻子就很担忧，因为要去的地方没有手机信号，没有办法和他联系。这个工程师看到问题后深受启发，赶忙打了一份项目报告上去，想做一款在世界上任何地方都能通话的手机。经过层层审批后，公司管理层觉得这个创意很有价值，就批准项目启动了。在这之后，摩托罗拉通过各种方法筹集到了70多亿美元，发射了几十颗人造卫星来支持这个计划。可最后的结果却让人大跌眼镜，全球仅销售了100多台这种手机。原因不仅是造出来的手机又笨重又难看，只能在户外使用，屋内接不到信号，最重要的是，他们没有意识到，这个世界上究竟有多少人会经常往返于那种地方。这种头脑一热的方案不仅让摩托罗拉负债累累，还从手机行业的第一把交椅上摔了下来。而同时代的诺基亚公司却很实在，不搞那些所谓的高科技，只是把手机天线放到了手机内部，给单调的手机做了个彩壳，让它变得更为小巧好看。也就是凭借着这些简单的设计，让诺基亚大受公众喜爱，自此从一个做木材的小工厂，一跃成为那个年代里手机行业的龙头老大。

基础化是在找寻需求过程中的重中之重，任何一个“好点子”都不能脱离开它的限制，否则我们就无法真正给客户提供价值。客户的需求不同于人生的道路，“另辟蹊径”并非最好的一条路。企业要做的是要与更多的客户建立联系，把满足大多数人的需求定为经营的首要目标，这样才能让企业在市场中不断地成长。

需求探索过程小结

把以上这些关于需求探索的要点都搞清楚后，我们就会发现其实挖掘需求也并非难以实现，只要遵循适当的逻辑进行探索，一步一步地谨慎前行，就可以把这些具有价值的需求都给找到。这里，我用总结的方式将这个过程进行一下梳理：

注重消费过程中的每个环节；

检视环节里的流程步骤；

依据体验情况，挖掘客户的不满原因；

推论真实的客户需求；

根据需求层级寻找更多的隐性需求（可跳过）；

判定需求种类；

确定可改善项（内部工作）。

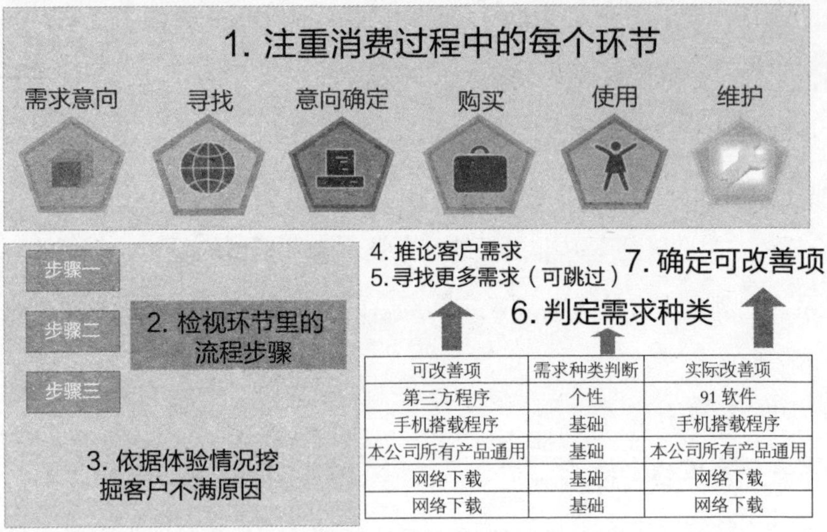

和“四维流程图”是“四维工作法”的具体执行工具一样，为了方便在实际工作中的理解和使用，这里也用表格工具的方式把挖掘需求的过程进行展示，以供各位读者参考。

<table>
<tr><th>消费过程</th><th>流程名称</th><th>流程步骤</th><th>供应工作</th><th>消费体验</th><th colspan="2">不满原因（可补充）马斯洛五项需求对比</th><th>客户需求</th><th>需求种类</th><th>实际改善项</th></tr>
<tr><td rowspan="6">使用</td><td rowspan="6">手机应用程序的下载、安装和使用</td><td rowspan="4">连接计算机</td><td rowspan="6">配套软件光盘</td><td rowspan="6">差</td><td>自我实现</td><td>不想使用这个软件</td><td>第三方程序</td><td>个性</td><td>91 软件</td></tr>
<tr><td>尊重</td><td>不想用计算机</td><td>手机搭载程序</td><td>基础</td><td>手机搭载程序</td></tr>
<tr><td>社交</td><td>不同品牌型号不能通用</td><td>本公司所有产品通用</td><td>基础</td><td>本公司所有产品通用</td></tr>
<tr><td>安全</td><td>光盘丢了怎么办</td><td>网络下载</td><td>基础</td><td>网络下载</td></tr>
<tr><td>点开计算机软件</td><td rowspan="2">生理</td><td rowspan="2">不会或计算机不能安装光盘</td><td rowspan="2">网络下载</td><td rowspan="2">基础</td><td rowspan="2">网络下载</td></tr>
<tr><td>寻找应用程序</td></tr>
</table>

客户需求的更新与再创新

通过这几章节内容的介绍，我们了解了需求探索的逻辑，但当把这些隐性需求变成显性需求的那一刹那，就预示着幸福已经达到了极致，危险也随之而来。世界上有很多优秀的公司，但真正的“百年企业”却少之又少，原因是很多优秀企业都犯了“止步不前”的错误。在手机行业中，无论是摩托罗拉还是诺基亚，都曾是某一段时间内满足客户需求的最佳典范，但最终还是败给了以创新作为驱动力的苹果公司。通过观察这种变迁，我们应该有一个清醒的认识，那就是客户的需求其实一直都在不断地更新。

在近些年来科技发展的进程中，每当一个新的技术发明没过几年，更加先进的技术就会推陈出新，这就代表了需求是一种持续存在的状态，只不过随着时间的推移，越来越多的隐性需求变成了显性需求而已，但隐性需求的储量还是相当庞大。那么在这种状态下，企业该如何做呢？其实很简单，那就是坚持以客户端为根本的改善过程！我依然用上面提到的“手机应用下载和使用”的消费体验过程作为案例，来描述下需求的更新。

新流程步骤	新供应工作	步骤体验	不满原因
打开软件商城	手机搭载软件或网络下载配套软件	好	
寻找应用	超过20万种应用程序并分类排行、推荐、提供预览	极好	
点击下载	一键下载安装	好	
点击使用	所有程序均在桌面，触摸打开	好	
程序使用	触屏使用，屏幕较大，速度较快	极好	
使用暂停	应用程序的暂停功能	一般	忘了按暂停怎么办？

（续表）

新流程步骤	新供应工作	步骤体验	不满原因
放下手机处理其他事务		极差	回来找不到手机怎么办？
继续使用	应用程序的继续功能	一般	程序被他人使用
完毕退出	一键返回	好	
再次使用	触摸打开，后台运行使用不间断	极好	

图中提到的这几个需求，只是“头脑风暴”似的简单罗列，虽说可能没有代表性，但仍然是在流程中发现的。出现这种情况，也就表明了针对消费体验过程的观察其实并不充分，需求始终还是存在的。如果沿此思路继续思考，就会发现其实没有最完整的消费体验过程，就像世界上并不存在完美的事物一样，对于它的探索也是一次没有终点的航行。所以说从需求探索的角度来讲，消费体验过程就是一个永远存在的流程，这个过程始终就在那里，不曾转移，不曾改变，仅仅在于观察整个过程的我们能否有更为细致的眼光、谨慎的态度以及不厌其烦的耐性去把它挖掘得更深。

六、从客户端流程看工作的目的

企业存在的目的是要为客户提供价值，并通过这些价值获取利润，这是一句在企业管理理论中常见且正确的话。在这句话中，是把企业与客户看作了两个独立的“点”，但通过对客户需求的寻找，我们发现这其实是两段流程，企业与客户之间的交集在本质上就是经营流程与客户端流程的一个交互的过程。因为客户需求的发现，所以让经营流程发生了改变，而又因经营流程的改变，又对客户端流程产生了影响，变出了许多“未成为现实”的动作步骤。所以企业创造价值的目的，实质上就是在不断地改变客户端的流程，只是这种改变是为了让整条消费体验过程变得愈加完美。从这个角度出发再来看我们所做的工作，就会发现它的终点其实并不是结果本身，真正的目的在于能够改变客户端的流程。

通过这个推论，我们就对现有的工作有了更深层次的理解，对于工作所创造的价值及目的的判断有了更好的评价依据。并且在经营活动当中，可以为我们提供更多的参考信息。比如说对于工作结果的考核，可以把结果直接放置于客户端流程中，看它是否让其变得更好。这种从宏观角度看待结果的方法，也就成为验证客户需求满足与否的一个标准。如果客户需求得到了满足，那么客户端流程的表现就会更加出色，反之亦然。

结果和其他事物一样，虽然它是工作的最终产物，但仍旧需要给它找一个“着力点”，让它变得清晰可见。我们经常说“不要单纯地为了工作而工作”，其实也蕴含着这个道理，当把结果放到流程中查看，就会让它变得丰满且更有辨识度。这一点在销售工作中体现得尤为突出。虽然我对销售工作了解得不多，但也接触了不少从业者，他们的工作方式虽然各有不同，但总体上大致可以分为三个类型。第一个类型是“只销售商品”，这也是最为初级的销售方法，销售人员只会在客户面前喋喋不休地讲解自家商品的优点，没有其他的交流。第二个类型是“销售先销已”，这也是现在最为常见的市场手法，销售人员通过和客户建立良好的人际关系来获得对方的认同，然后将这种认同转化为对产品的认同。对于第二种方法我一直怀有疑虑，因为销售人员和客户谈的是感情，而不是产品和服务是否可以解决现有的问题，在本质上脱离了“满足客户需求”这一根本命题。“人情化”的销售方法有它的优势所在，同时也有它的劣势，如果在交付时产品的质量出现了问题，这对于好不容易建立起来的信任关系就会带来毁灭性的打击。当然，我所说的这些问题并非让销售人员舍弃建立良好的客情关系，而是建议在此基础之上从客户端流程的视角来看待销售工作，这就是我提倡的第三类方法“客户视角营销”。

“客户视角营销”的方法就是利用了“经营工作是为了让客户端流程变得更好”这一准则。在具体的实施中，销售人员首先要做的是像侦探破案一样去“勘查现场”，在客户端流程中寻找出显性或隐性的客户需求，并根据这些需求与产品自身的特点，进行“产品解决方案”的制定，让客户清晰地看见产品能够解决客户端流程中的哪些问题，这就更加贴近了我以上所讲的工作思路。这种工作方式较前两类更为烦琐，但也更为专业，所以销售岗位处于产业链的顶端绝对是有其原因的。虽然我并没有从事过销售工作，此种方法可能有纸上谈兵之嫌，但也不失为一种解决问题的良好尝试。

我曾经在一个销售培训的课程中了解到一个与之相似的案例。那是两家计算机厂商争夺一个订单的真实故事。甲方的报社要为其记者采购一批笔记本电脑，其中身为主角的销售人员因为产品定价的缘故眼看就要失去订单。情急之时，他把自家的笔记本电脑扔到了采购负责人的脚下。他的做法让现场的所有人都大为不解，他则解释说，这是为了让甲方看到产品的质量优势。在随后的叙述过程中，他说这是考虑到了记者的工作性质，因为记者需要常年在外奔波，会不小心发生笔记本电脑掉落的情况，如果因其稳定性能较差而导致工作文件的损坏或丢失，对于记者的工作就会产生很大的负面影响，所以笔记本的采购应该首要考虑抗摔、稳定性等特点。经过这一突发事件，主角一方最终赢得了订单。在随后的案例分析中，我并不在意销售人员的“急中生智”，而是更关注他为什么能够想出这种办法。在多年后的今天，当把他的理由放到了流程层面来看时豁然开朗，其实他使用的就是“工作是为了改善客户端流程”的方法，而恰恰就是这种方法，使他在全面不利的情况下获得了胜利。

客户端流程能够改变经营流程，这是在之前的篇幅中就论证过的，而经营流程可以改变现有的客户端流程则是对流程的一个新的认知。我们经常听到很多企业在对内培训或宣传时采用了“我们的工作是伟大的”“在改变全人类”或是“造福社会”等词语，无论能否实现，其实都是在表达一种希望改变大多数人流程的意愿。如果这种设想可以实现，那么这家企业必然是成功的。不用说太高大上的理论，只需看看身边就有很多实例，微信、移动支付、滴滴出行等业界翘楚，其实已经改变了人们的生活方式，为大家带来了便利。从这些企业的成功中，就让我们看到了工作的目的并不只是结果这么简单，而是要带着结果去促进客户端流程的改善。

第五章　关于流程

一、流程化的思考方式

运用流程来解决工作中的问题是本书一直提倡的观点，因为流程带给人们的直观性是其他东西替代不了的。除此之外，流程并不应该仅仅被我们视为一个工具，更应该变成我们对待日常工作和生活的一种思考方式，原因是它可以让我们拥有“上帝视角”，这样就可以在做任何事时游刃有余。这种感觉就像刘慈欣的科幻小说《三体》中所描写的一样，无论一个三维物体多么复杂，从四维空间都能看到其清晰的内部结构，达成透过现象看本质的效果。并且，掌握流程化的思考方式并不需要多么高的智力水平，对于大多数人来说这并不困难，只需要把握住流程的两个关键点就能实现，所以这种以较小投入就能获得巨大产出的能力还是相当有吸引力的。

流程化思考方式的第一个关键点，是要把一切事物都当作流程来看待。任何事物的完成状态都是一种静态的体现，但都需要经过动态的过程才能产生，如果想得到正确的结果，就必须对过程进行控制，否则结果的正确与否是无法把握的。这里用一个大家熟知的常识进行说明。在工作中，我们经常会说到换位思考，为的是让人们切换视角，可以站在对方的立场考虑问题。可在现实工作和生活中，我们却很难完全做到，原因是我们使用了错误换位的方法。通常来说，换位思考只是让我们站在对方的位置上审视问题，可是如果只是换了个固定的位置静态站在那里，那么我们看到的内容在很大程度上并非是事情的全部样貌，也就无法感受到对方此时此刻全部的真实感受。在心理学中对描述换位思考有一个专有的名词，叫作“移情”，这就比“换位思考”更为精准，可这里出现了一个疑问，移情究竟移的是什么情。通常我们在看影视作品时，一个演员声情并茂的表演所采用的是演绎法，需要演员将自己彻底地融入角色。换句话说，演戏过程中的演员不再是自己，而就是他所扮演的角色本人，他的任何情感表达都是因为角色经历的故事有感而发。比如剧中角色因求婚成功“高兴地笑了”，演员在表演时绝对不能简单地认为“就当作自己跟女朋友求婚成功了”那样去笑。因为演员自己与女朋友之间的情感经历和剧中角色与女朋友的情感经历是完全不同的，剧中角色所经历的故事是他独有的，并不是演员自身的，只有那个角色自己才能体会，所以求婚成功后的笑也绝对不是同样的情感表达。所以说，真正的移情移的应该是过程的情，而实现真正的换位思考也应该是在完全模拟过对方的全部流程之后才会体会到的真实感受。在工作当中也是如此，想要得到正确的结果，必须去关注流程，因为流程是决定结果最直接也是最主要的因素。所以看待任何工作都不要只把它当作一个“点”，无论工作多么简单，结果多么微小，如果对其流程不能加以重视，最终的产出都可能出现偏差。

在国内企业中，这种“把工作视作流程”最好的范本莫过于华为了。曾经有幸现场聆听过几位曾在华为高层任职的管理者授课，从他们的口中我了解到，在华为，最为重要的其实就是流程，它在公司中是以神圣不可侵犯的形象存在，并且流程是绝对固化的，有着极其严格的管控。当初对于学习IBM，华为内部一开始存在着很大的分歧，很多人认为“华为脚”不适合穿“美国鞋”。随后是任正非力排众议，甚至把IPD（以流程为基础的集成产品开发方法）上升到了华为的生存层面，以显示其决心，他强调IPD关系到公司未来的生存与发展，各级企业、各级部门都要充分认识到它的重要性。结果，据说IBM公司的专家看到华为的执行效果后甚至发出感叹：“华为的IPD比我们执行得还要彻底！”就算是对于细小单元的工作管理，华为的执行也是非常到位，严格按照流程进行。任正非坚信流程的力量，他认为华为的流程管理应该采用“先僵化、后优化、再固化”的形式，因市场的需求而不断迭代自己的流程，而当流程一旦确定下来并严格执行，那么产出的结果也就是可控的，并且换谁来做都不会有太大的问题。换句话说，华为是流程固化，人员是可以变动的，外界只看到了他们纪律严明，却没有看到他们基于流程的管理模式。流程是关于效率的最优设计，把影响效率的所有不确定因素通通固化下来，这样企业就能以最精简快速的方式将价值传递给客户。

掌握流程化思考方式的第二个关键点，是要牢记行为动作才是步骤。比如一个体操运动员，在尝试做一个新的动作组合之前，会先把所有步骤动作在头脑中进行预演，然后凭借经验、逻辑去推敲流程中的各处细节和最终结果是否合理，认为没有问题再去执行。在体操运动员头脑中的预演，其实就是我们所说的做计划，只是计划中的过程最终是落在了一个个具体的行为动作上，而且这个过程被拆分得无比细小，因为不这么做的话，可能会给自己带来身体甚至生命上的危险。这就是一个“步骤就是动作”的典型案例，其实在日常生活中，我们可以随手触到。就像是简单地吃个饭，都应该能够拆分出“先伸出右手拿筷子，再伸出左手拿碗”等几十个步骤动作出来。当然，这并不是说让大家把所有的事情都进行爆破式的拆分，很多时候习惯的工作不用拆分就已经能够做得很好，但这样的方法可以锻炼我们流程化的思考方式。在运用熟练后，当我们做其他新的工作或复杂的事物时便可以得心应手。我们现在所提倡的匠人精神，不也是在强调过程中的动作，不放过任何细节吗？所以在流程当中需要且唯一能够抓住的重点，就是一个个看似平凡无奇但又作用非凡的具体动作。

从流程角度来看，分析动作是探明流程以及寻找事物真理的最直接也是最有效的手段，而我们忽视动作的最大原因就是动作太过普通，所以没有意识到思想的正确性并不代表行为的正确性。任何一件工作在想明白后一定是由具体的行为动作去执行完成的，哪怕一个人想得再正确，但行为动作出现错误，最终也会功亏一篑。就像生产线上的工人做工一样，明明脑子里想得很清楚，应该“螺丝向左边拧三圈再向右边拧半圈”，但实际操作时却只向左拧了两圈，那么最后的产品肯定有质量问题。而在批评这名员工的时候，最有效的方法是直接指出动作上的错误，而非教育他“应该认真干活”。任何的理论、思想的落地其实就是将工作时的行为动作进行特定的安排，这些动作也就是影响结果的最直接也是最主要的因素。很庆幸现在很多企业管理者与专家学者也意识到了这个问题，并从之前的关注思想逐渐过渡到了关注动作上。比如一则很有意思的分析这样写道：

“2017年‘康师傅’和‘统一’方便面的销量下滑至少9亿包，他们的对手既不是‘白象’也不是‘今麦郎’，而是美团、饿了么这类外卖企业。这几年绿箭口香糖市场也是大幅下滑，它的对手也不是益达，而是微信。因为口香糖最重要的消费场景是在超市收银台，过去顾客排队结账的时候无聊就往购物车里拿两盒口香糖，而今天大家都在看微信，刷朋友圈。如今赛道变了，场景也变了，所以实体企业要想做得好，那就不要再去研究数据了，应该研究的是用户习惯和购物场景。购物习惯的改变，场景的迁移，被颠覆的那些老板们无论如何都不会想到自己的对手可能是跟自己八竿子打不着的行业。”

这个叙述中强调的问题正是前文阐述的内容，当代企业应该更多地关注“消费体验过程”。我们无法完全参透一个人的思想，却可以观察到这个人的行为，因为行为才是真正实现结果的最直接原因；我们也无法完全左右一个人的思想，但可以在某种条件下规范一个人的行为，因为我们都清楚，只有正确的行为才能换来正确的结果。单纯的说教永远比不了手把手的指导，我们可以不用关注人们是如何思考的，只要看他是如何行动的，就可以准确地得到想要的结论。指导思想的目的也是改善行为，那为什么不简单直接地去指导行动呢？我想，只要方法得当，带有言传身教意味的方式会更有效果。当所有的动作步骤组成了一条完整的流程，这条流程对于人们来说就是一种真正意义上的行动指南。而流程化的思考方式，就是可以让我们做任何事情之前预先制定一个“行动指南”，把执行过程中的路灯全部打开，照亮整条道路，这样就可以更为顺利地去做具体的执行工作了。这种感觉就仿佛拥有了上帝视角，原因就是脑子里一直存在着做这件事的最优解路径，然后将整个做事的过程进行爆破式的动作拆分，查验其中的每一个环节，马上就可以分辨出过程中的哪些步骤是有问题的，是可以被改进的，而这也是我对“事在人上”的另一种论证。

掌握了这两个要点，就拥有了流程化的思考方式。它可以改变我们看待事情的角度，通过一种置身事外的状态，将事物所有过程和细节一览无余地呈现在眼前，不会再被身份、职位、关系等原因束缚住思考的深度和广度。在具体的工作中，不会再以固态的方式对待问题，而是把事物拉长成为一个动态的流程，头脑中也就不会再有一蹴而就的想法。过程中清晰的步骤描述与资源匹配需求可以保证我们做事时始终处于绝对理性且清醒的状态，以类似排查的方法从头至尾扫描过程的全貌，任何微小的细节都不会错过。这种感觉就像是在查字典，一个字的具体含义在字典中的解释会是一种详细的展开形态，有一种身临其境的直观感受，可以看到这个字背后所代表的意义全貌，这样也就对这个字的理解更加深刻和具体了。比如当领导交代给我们一件工作时，虽然这项工作的描述只是一个具体的结果，但在头脑中会将达成结果的全部过程进行详细的展开，运用“四维流程图”的方式，动态地将流程全貌呈现在眼前，这样我们就可以完全洞悉达成目标的步骤动作和所需资源，在头脑中自动形成一本“行动指南”。这对于之后的具体执行而言不仅有实际的指导意义，还为日后的工作改善提供了基础。

对于当今的企业管理而言，有两项任务是必须做的：对于外部来说，是探明客户的需求，掌握市场规律；对于内部来说，是提升企业效率，降低各项成本。无论是哪类任务，都存在着它的行事流程，当能够清楚地看到这些内容的全部细节时，也就不会再因行动的未知而感到迷茫。拿着地图的人不会迷失方向，要做的只是沿着标记好的道路继续前行。但要画出详细的地图，就必须依靠流程化的思考方式，所以对于任何企业的管理者而言，这种思考方式都是必须掌握的。

二、对于流程运用的一些建议

我之所以将流程称为“看不见的线”，是因为我们对于流程重视得不够，了解得太少。在现代企业管理的相关理论中，对于流程也存在着认识不足的现象。大部分人都认为流程是个简单的事物，但当真正去执行操作时就会发现，我们对此几乎一无所知。所以重新重视流程，认清流程的意义，熟知流程的作用，掌握制定流程的方法就显得格外重要。其实对于流程本身而言，快速了解其全部内容并不是一件难事，通过前几章的阅读大家肯定已经有所收获。除此之外，再补充一些关于流程与企业、工作之间的联系与特点，供各位读者参考。

第一，要意识到企业是由流程组成的。本书的主要内容是描述了流程在企业经营当中发挥的重要作用。在做企业经营工作之前，首先要做的就是将这些流程彻底探明。任何一家企业的构成与发展都离不开员工个人、企业内部经营和客户与市场这三个方面，所以我们要去探明的流程也存在于这三方面。但如果将我们的视界提高，就可以发现一个现象：在企业中布满了流程。企业中方方面面都逃脱不开流程的牵引与指导，着重强调经营流程只是一种典型性的代表或是一种集中性的说明。在此基础上，要清醒地认识到企业内部所有工作和事物都是被流程覆盖的。任何一项工作的背后都代表着一段流程，如果说企业是靠着各种各样的工作运作的话，那么企业本身就是由流程组成的。如果把企业比作一个人，流程比作血管，那么动脉、静脉血管就是他的核心经营流程，而多如牛毛的毛细血管则是代表着支持核心经营流程工作的分支流程。企业中的所有工作都能在流程中找到自己的位置，无论工作的大小抑或是难易度的不同，都能匹配到不同的流程当中。从表面上看，是一件件的工作联结了所有人，但实际上，是一条条的流程串联了所有人和事。

在之前的章节中我也详细地介绍过，企业中的人和工作都是在流程之下，或者说，人和工作只是为了完成流程步骤中的必要资源。当流程存在时，这些人和工作是有价值的，可当流程不存在的时候，这些便是企业裁撤的对象。这从另一个角度说明了，企业并非由人和工作组成的。这样的案例有不少。曾经有一篇在网络上引起了轰动的文章叫作《联想不是家》，作者是一名联想员工，讲述的是2003年联想因战略调整而引发的大裁员事件。在文章中，作者悲壮地说出："不管你如何为公司卖命，当公司不需要你的时候，你曾经做的一切都不再有意义。"作者同时也深刻地意识到员工和公司的关系就是纯粹的利益关系，千万不要把公司当家。公司就是公司，公司为员工做的这一切，都是因为员工能为公司作贡献，绝对不会有像父母那种无私奉献的感情。这篇文章一度让以"家文化"著称的联想遭遇了道德与文化的双重批判，但随后作为联想灵魂人物的柳传志做出了精彩的回应，他直言："员工还真不能把企业当家。"在回信中，他对此解释的重点就是"一个企业应该遵循的最根本原则就是发展"。这句话的含义很深，如果仔细分析，这句话的意思就是企业要懂得舍得，这种"舍"与"得"指的是既定战略层面上的目标。之前的四维工作法中我对目标的重要程度做过描述，在思维顺序中，目标排在流程之前。在联想的这次裁员事件中，舍弃的其实是一个战略目标，但随之一同割舍掉的就是它背后代表的一整条流程，既然没有了流程，也就没有了步骤，当中的人和工作也就必须舍弃了。我们所看到的战略目标的背后都是有着一整条的流程在做支撑，但流程是无形的，除非将它画成可直观的图示，否则它就是一条"看不见的线"。通常情况下所说的战略调整、目标变更，其实更像是一种简化版的陈述，将流程、资源等全部内容由"战略目标"一词进行了代替而已，本质上还是流程发生了改变。

第二，认识到流程之间是相互关联的。只要是经营中的企业，就必然有流程，这些流程交错纵横，像一张网覆盖着企业的方方面面，并且它们有大有小，就像上文所说的动脉、静脉和毛细血管的区别。企业最终结果的产出是由内部无数的阶段结果递进或组合而成，而结果的产生条件就是流程，这也就代表着企业内部的所有流程都是互相关联的。一家企业的流程全貌是以一条或多条“产品价值链”为主的核心经营流程，再加上财务、人事等支持保障类流程共同组成，像是一个个的“流程拼图”。核心经营流程又称作企业的“生命线”，既是企业利润的核心保障，也是企业为客户提供价值的主要渠道。支持保障类的流程是围绕着核心经营流程搭建起来的，它们的作用只是保障“生命线”不因其他非价值传递类的因素而发生问题。这种关系相对好理解一些，比如大部分民营企业都是由小作坊逐渐发展形成的，在最初的创业时期并没有建立完善的架构体系与部门设置，可能只是一个夫妻店，既不需要报销审核，也不需要人员的招聘和培训，在初创时期只要“一门心思想着挣钱就好”。“挣钱的门道”就代表着核心经营流程，它的存在是保障企业的正常经营，没有它企业就不会有价值传递给客户。当原本的经营规模变大时，小作坊就会逐渐发展为一家正规的企业。这时候，原有的核心经营流程不再能满足客户的需求，就要对其进行升级。在升级的过程中，价值产生的步骤可能需要借助外部力量才能够实现，因此才会出现诸如各类人事、财务、质量等辅助部门与相关工作。所以说，任何一家企业的庞大流程网都是相互联系的，因为各种流程的现状是企业一步步发展的结果，它们的形成是鉴于核心经营流程的不断完善。在本书中，为了便于各位读者的理解，我从员工这个组成企业的最基本单元开始说起，逐渐延伸到企业经营与客户层面，采用的是一种自下而上的叙述方式，但在实际工作中，可以多点同时进行，甚至可以先从客户与市场端开始。因为无论从哪一端的流程入手，最终都会拓展到企业各个层面的流程中，唯一的区别不过是先后顺序的不同。但还是要强调一点，任何的切入点都应该是在核心的经营流程中，只因它是生存的重点，千万不要让为此保障的“资源”去干扰正规的经营运作。

第三，在工作的过程中要防止一些错误的惯性思维对于流程的破坏。在一些常见的管理手段中，有一些内容是不合理的，却经常被人认可，这些方式方法不仅没有对管理工作起到作用，还破坏了经营流程的正常运行。比较典型的问题之一就是对于“客户是谁”的判断。在一个正常的流程中，客户只有一个，那就是市场端的客户，并不存在“流程的下一个环节就是客户”的概念。我们强调这个说法之初，是想让每个步骤的人都能够做好本职工作，按照标准去完成既定的工作内容。在一个清晰的流程中，每个岗位都应该能够了解到本岗位所涉及步骤的工作标准，不会存在模糊不清的情况，所以也就没有必要去强调这些。“下一个步骤的人给你发工资”是对于流程不清的一种错误理解，特别是在企业内部，流程中的所有员工均是一种合作关系，需要协力产生价值，并不存在谁是谁的客户的逻辑。如果让流程中的人员有了这种思想，那么他们的做事标准就不再是一个规定，而是以流程的下游要求为准了，这对于流程的破坏是显而易见的。

另一种典型的问题是很多人以特殊情况为由，绕开正常的流程去执行相关的工作。在他们的认识中，虽然知道流程的存在，但有时会鉴于情况特殊，可以先斩后奏，这只是一种“不拘泥常规”的做法，只要有用即可，并无对规则的不敬。对于这种情况确实不好做出绝对的判断，因为无论是该遵守流程还是要应急而动都有各自的道理，需要视具体情况而定。但对于这类问题，我认为本质上还是创新与固化之争。如果企业中有既定的流程存在，那么时时刻刻遵照流程行事就是最好的选择，因为这样的做法可以较为容易地实现对于过程和结果的管控。如果是无理由的或是非必需的无视流程，就是对流程的管理工作提出了挑战。对于这种做法，管理者要清醒地认识到它的危害性，万万不能听之任之。如果真是情况紧急，且有必要不遵守流程行事时，也要做好其他辅助工作，不能随心所欲。首先，对于此次紧急情况要向上级做一个简短的说明，并由其判定是否可以执行，得到允许后方可开始行动。其次，因为流程是种合作的机制，所以在执行之前要和流程相关的部门、岗位打好招呼，让对方预先有所准备；在执行的过程中也要尽量减少破坏流程所带来的负面影响，并将执行的过程做详细的记录，以备后续的总结改善所用。最后，工作执行完毕要进行总结，对比执行方案与现有流程情况，如果确实有必要，要尽快对流程进行升级完善。从字面上看，创新和固化确实是一个相互矛盾的存在，但在实际的工作当中却可以将其很好地结合。创新的本意是发展，并不意味着破坏；流程的固化也非死板的僵化，而是一种“静后而能安”的策略。所以只要创新是在有序地进行，那么流程的固化就不会遭到破坏，通常情况下的流程改善也是按此套路进行的。并且企业在不断地发展前行，意味着经营流程也会逐渐完善，那么创新和固化必定是交替发挥作用，两者缺一不可。

第四，既然流程是如此的重要，那么对于流程就要保持持续的关注。前文我提到过，在企业经营当中，要时刻关注流程的健康情况，因为企业中的问题大多是流程出现了问题，这时候仅靠一个流程负责人的监督可能会远远不够，还需要企业自上而下全方位的重视。在企业的日常经营中，多数人的精力都集中在本职工作当中，并没有过多地意识到流程的存在，这也是流程经常被忽略的原因。当工作出现了问题，第一反应也并非去翻查流程是否出了问题，而是主观地找“人”和执行工作中的错误。这种做法的危害是非常大的。其一，找“人”的错误本身就是与流程体系背道而驰，是一条南辕北辙之路；其二，随意地改动工作内容会破坏原有的固定流程。这两点都需要引起所有人的重视，特别是各级管理者，一定要随时警惕这种情况的发生。建议所有企业将内部经营流程图进行分阶段打印，并张贴在公司及部门的墙上，并且图片越大越好。虽然是种“笨”办法，但方便所有人随时查阅，视觉的冲击力也会自然而然地将人的注意力集中在流程上，减少误判情况的发生。此外，会议作为频发“脱离流程讨论问题”的重灾区，更要引起关注。这里，除了常规的张贴流程图之外，还建议增加一名头脑清醒、较为理性的会议组织者或协调者作为监督，当问题的讨论内容超出流程范围时即刻做出提醒，保证工作思路的延续与清晰。

对于企业而言，流程是决定企业内架构、人员、工作等全部内容的核心依据，它的真实性与可靠性应该是毋庸置疑的，这就需要在流程的梳理工作过程中加大投入，确保它顺利实施。在初次梳理流程工作中，多数的阻碍是来自各级的管理人员。由于对流程的认识不足，很多管理者会对流程产生轻视感，主观降低流程梳理工作的重要性及难易程度，所以在做此工作之前，建议率先进行一次会议说明，将具体工作的作用、意义和过程步骤进行详细的说明，争取得到理解与支持。除了初次的流程梳理工作之外，日常的流程维护及升级也应作为关注的一个重点，在企业中最好能有一个部门对经营流程专门进行跟踪和评定。相对于从无到有来说，不断地完善更让人难以做到，这不仅需要持之以恒的毅力，还需要不厌其烦的态度，对于此种情况，我的建议是建立一个“日常完善流程”的流程，从制度层面进行管控。比如强制各部门的流程定时进行维护，在企业内部进行流程改善的评比，以半年或一年为期，进行全公司范围内的流程检查，等等，并且由监管部门对以上内容进行监督核查。

三、流程与真理

这个世界上本身就有真理的存在，它所代表的是最优解的路径，这条路径是最为合理、最有效率且是可以获得最大利益的。所以在做任何事时，其实都有它们各自存在的真理，就像花开花谢，春去秋来一样，这些真理自始至终都存在于世上，只不过有些被人们发现，还有些没被人发现，并且它们并不以人的意识为转移，因为真理是无法被人改变的。我们所看到的各种创新、改善也不过是在将现有的行事过程无限接近于这条存在且看不见的真理。从这个角度来看，这世上根本不存在什么创新或是发明，只不过是我们一次又一次地更新了自我的认知，发现了这些无形的规律，让行事的过程离真理越来越近而已。比如说某种商业模式的创新，从严格意义上来讲，这种新的商业模式其实一直都在那里，没有改变，不曾转移，只是之前的人们并没有发现或没有条件实现它，而且也不能说这种新型的商业模式就是真理，因为也许还有比它更适应市场的规律存在，只是我们还没有发现。

在本书的开篇我就叙述过“事在人上”的原则，说的也是这个道理。我们在做企业管理时，最先要做的就是探究其目标领域中经营的真理，摸清其中的行动路径，将其转化为可执行的具体动作流程，然后按照这个流程去执行。流程在这当中起到的作用就是将经营的真理直观地表达出来，以达到可以实际操作的目的。因此，本书虽然通篇都在讲述流程对于企业的意义和作用，但从更高的层级来看，流程的本质就是真理的“化身”，在企业中就是一种“企业经营真理”的现实表现形态。

如果把流程比作真理，就不得不让人联想到制度，这两个事物都有着“规则”的含义，实际作用却不相同。在企业管理的相关理论中，认为制度应该就是企业内的法律，这并没有什么问题，但对于经营本身来说，对其的帮助意义其实并不明显。法律一般所规定的是“何为不可为”，比如在企业中规定了不允许迟到、早退、旷工等，都是在告诉员工不能做什么事情。这些硬性的要求绝大部分是企业管理的底线要求，但是这些规定和企业的业绩增长并没有太大的关联。我们绝对不会将“员工不迟到”就等同于“员工能够做好工作”，顶多是表明了在工作态度方面表现良好，这和具体的工作水平几乎是无关的。但代表真理的流程带给我们的感觉就完全不一样了，因为这是在告诉我们该做什么，相比于企业内的法律而言要更高一级，所以从这个角度来看，流程对于经营的发展更有实际作用。通过这个分析我们就会发现，相对于各项制度，流程才是经营的主要着力点，而企业制定的所有规章、制度，不过是为了保证工作流程的顺利执行，让企业中所有人的工作可以一直处于正确的路径轨道中而已。

在市场形势如此多变的今天，我们更要重视这些经营中真理的作用，因为是它决定着企业的发展前景。真理像江河一样，无论地形多么复杂，都会自己找寻河道然后奔流向海。在企业中也是如此，哪怕是再困难的市场环境，也会有一条真理为经营指明方向，让它可以在荆棘密布的无人荒野中收获果实。我们往往惊叹于各类“爆款”产品的出现，而且这种情况多是在市场看似饱和的情况下发生的，这些企业能够获得成功，首要条件就是始终坚信会有一条可以走向胜利的路。

企业的外部压力永远都是巨大的，消费者的需求升级，同行业的竞争，甚至是跨领域企业的“降维打击”，都在营造着恐怖的市场氛围。在这种情况下，我们无法改变外部环境，就只能改变自己。而改变的方法，就是要找到这些经营中的真理，然后顺势而为。韩国三星集团的经营理念中有一条非常重要，那就是“永远不变的就是变”。三星作为一家诞生于20世纪30年代的公司，涉及行业众多，发展的过程可谓波澜曲折，甚至在1997年的金融危机中遭受过巨大的损失，但这些都没能阻止它成为当今世界上最伟大的公司之一。“永远在变”是因为市场在变，所以让企业获益的真理也在变，那么企业中的经营流程也要相应改变。不墨守成规，积极地改善内部的工作流程，就是让企业“永葆青春”的秘诀，三星手机就是极佳的例子。从它的发展轨迹我们可以看到，外部的压力永远要靠内部来进行化解，而且永远都会有解决的办法，只不过在于我们是否能够找到它并将其付诸实施。

通过以上叙述，我们可以看到经营中真理的存在和它与流程的关系。但也要明确一点，我们所能看到的流程并不完全就是真理。因为永远都有误差的存在，所以流程只能无限接近真理，不能完全成为真理。就像这个世界上并不存在两个完全相同的事物一样，真实执行的流程和理想状态下的真理还是会有距离，但这并不能成为否定追求真理的借口。因为流程虽然不是真理，但在追求的过程中，企业可以不断地完善流程，这样就能持续地抬高整体工作水平的下限，这对于企业经营的益处要远比请“牛人”来得实际。

“雪中送炭”一定比“锦上添花”更为重要，这不仅是生活的智慧，更应该是企业的准则。就像再好的产品设计，如果没有完备的技艺，也会变成质量问题频发的次品。顶层的优劣对于结果的影响并不如基层显著，而基层中的主要工作就在于执行。执行是行动的一种表达方式，而流程又是讲究行动的不二法门，所以完善流程就是在提升整体工作的水平，流程越完善，执行越规范，大部分人的工作能力就会越强。流程执行得好坏决定着企业工作水平的下限，不断地追求经营中的真理，就是在不断地完善经营流程。也许我们永远不会达到理想中的状态，但在这个追求的过程中，我们已然突破了现实，超越了自我，于公于私，无愧于心。